JN097614

滝登くらげ 著

学芸員の観察日記

ミュージアムのうらがわ

文学通信

はじめに

博物館に行くと、チケットをもぎってくれる人や、受付で案内をしてくれる人、展示室の隅で立ったり座ったりしている人（看視員／監視員）がいます。いかめしい制服の警備員さんや、ショップやレストランの店員さん、お掃除の人も見かけますね。……おや？　学芸員は、どこで何をしているのでしょうか？　博物館には学芸員がいるものだと聞くけれど、いったいどこに潜（ひそ）んでいるのでしょう。臆病な性格なのでしょうか。それとも夜行性？

学芸員が人前に姿を見せるのは、主に講演会やギャラリートークの時など。専門的なお話をする場所を好むようです。時々、テレビやインターネット動画でも目撃されます。しかし、それ以外の時間は、どう過ごしているのでしょう。この本では、そんな謎に満ちた学芸員の生態に迫ります。

CONTENTS

~プロローグ~

ここは**山奥博物館**。

わりと大きな規模の公立博物館です。

地元にまつわる歴史資料や、

美術品を収蔵しています。

ここではさまざまな役割を持った人が

働いています。

今日はどんなことが起きるのでしょうか。

一緒に観察してみましょう。

館長

不破
フワフワしている。専門は金工、とくに和鏡。こう見えて大ベテラン。

副館長

学芸部

田貫 ● 学芸員
考古担当。締め切りを破りがち。わかっちゃいるけどやめられない。

根古 ● カメラマン
文化財専門のカメラマン。身軽。気づいたらそこにいる。

アルバイト

大隈
絵画担当の虎井さん、大神さんの手伝いをしているアルバイト。大学院生。

六科
考古担当の田貫さんの手伝いをしているアルバイト。大学院生。

総務部

戌井
副館長 兼 総務部長。事務のトップ。お金のことはまかせた。

ほかにもたくさん仲間がいるよ

警備・看視

真守
警備員。隅々まで巡回しているので、博物館のまわりの植物にも詳しい。

又旅
看視員。よく学芸員と間違えられる。来館者と作品の安全を守るお仕事。

ほかにもたくさん仲間がいるよ

山奥博物館で働く仲間たち

ベテラン

虎井 ●学芸員
学芸部長。専門は絵画。えらくなると会議が増えて研究時間がとれなくてつらい。

熊谷 ●学芸員
仏像担当。最近は体型が平安前期なのが悩み。甘いものが好き。

鹿田 ●学芸員
工芸担当。担当する範囲が広い。やきもの、きもの、うるし、かたな、などなど。

中堅

新井 ●学芸員
保存科学担当。きれい好き。洗っていいものとダメなものを知っている。

森本 ●学芸員
歴史資料（古文書とか）担当。字はきれいなのに生き方が雑。

若手

大神 ●学芸員
絵画担当。ようやく就職できた。大学院生の生活が長かった。

犬伏 ●エデュケーター
教育普及担当。子ども向け大人向け、なんかいろいろおもしろいことをするよ。

柴田 ●システムエンジニア
情報技術担当。彼を呼ぼうとすると、なぜか急にパソコンの機嫌が直る。

宇佐美 ●事務職員
事務担当。大学院で美術史を専攻。実は今も時々論文を書いている。

栗栖 ●事務職員
事務担当の新人。実は美術とか歴史とかあまり興味ない。広報戦略の参考として逆に重宝されている。

一緒に仕事をする館外の仲間

技術者（修理など）

印刷業者

美術品輸送業者

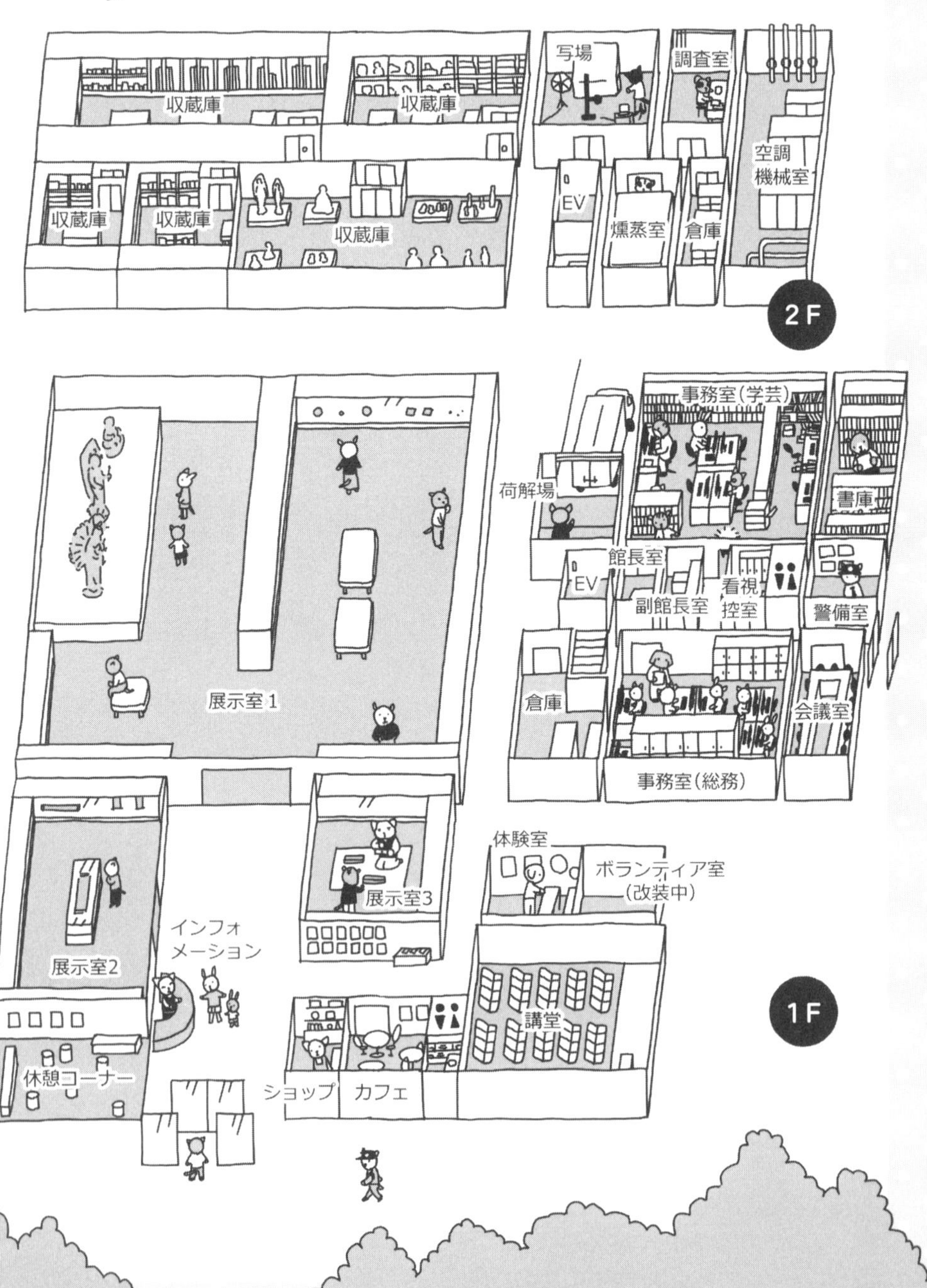
山奥博物館のご案内
収蔵庫
収蔵庫
写場
調査室
空調
機械室
収蔵庫
収蔵庫
収蔵庫
EV
燻蒸室
倉庫
2F
事務室（学芸）
荷解場
書庫
館長室
EV
看視
控室
副館長室
警備室
倉庫
会議室
展示室 1
事務室（総務）
体験室
ボランティア室
（改装中）
展示室3
インフォ
メーション
展示室2
講堂
1F
休憩コーナー
ショップ
カフェ

1　学芸員という生き物

写真撮影

パシャ
いいねー
すごくいいねー
パシャ

パシャ
Nekon
とってもきれいだよー

パシャ
パシャ

ハンコのとこもう一枚
作品を輝かせるのが彼らのお仕事
写り込まないようにメジャーを入れてる

くらげのひとこと

収蔵品の魅力を引き出し、多くの人に伝えるのが学芸員のお仕事。つまり裏方です。収蔵品の写真は、管理・研究・情報発信のために欠かせません。ゆがみや光のムラが出ないよう、気をつけて撮ります。

写真撮影②

もうちょい よせて……
あーっ やりすぎ

手はもっと上っー
あごは引いてっ！
Nekon

レフ板
んー おしい！

わりと人手が足りていないようです
うーん もう1枚追加します？
無理です……

くらげのひとこと

大きくてきれいな写真は、図録や、ポスターなどの広報にも使われます。専門のカメラマンがいる大きな館もあれば、外部のカメラマンに依頼する館、学芸員が自分で撮影する館など、いろいろです。

歓迎会

考古の部屋に新しい事務の人が来たので歓迎会をするようです
ペコ
よろしく

うまいすきやきの店があるんだよ
いいですね！

椀々寺跡（わんわんじあと）の南に青い看板の店があるだろ
あーあの南門の遺構が出たあたりですね
？
？
歩いて行けるから現地集合っすね

あの……今ある建物で目印を教えて
じゃのちほど
現場戻るから
くだ……さい

くらげのひとこと

大きな博物館では、分野や業務ごとに部署が分かれています。山奥博物館でも「考古」「美術」「企画」「資料管理」など区別があるようですが、部屋とは名ばかりで、みんなで大部屋に同居して、兼務も多いようです。

巻き段

栗栖さん
勤務2日目のこと
ガチャ
今日は
一番乗り♪

ぎょっ

事件!?
それとも
事故!?

ヒョコ
あ
おはよう
原稿終わらなくて
泊まっちゃった
巻き段は
暖かいから
よく寝れたよー

くらげのひとこと

展覧会がオープンする前、学芸員は一番忙しくしています。図録や会場解説の執筆、広報、作品の集荷、展示作業などなど……やることは山積みです。「巻き段」は「巻き段ボール」の略。作業の時に床に敷いたりします。

書は人を表す？

栗栖さん
勤務三日目のこと
メモ～
栗栖様
またお伺いします。

古文書（こもんじょ）とか
担当してる
森本さんって
どんな人だろ
すごい
達筆
挨拶まわりの
日は出張で
いらっしゃら
なかったん
だよね

ぽりぽり
例のアレの
やつだけどさー
PUI
PUI
あー
いたいた

なんか
想像と
だいぶ
違うのが
来た!!
あ
森本でーす
ジューッ
PUI
PUI

くらげのひとこと

学芸員には専門の分野があります。大学や大学院で研究したことが、そのまま仕事になることは実はまれで、大抵の場合、もっと広い分野を担当したり、別の分野も兼ねたり、だいぶ違う分野の担当になったりします。

誤解①

職業は
学芸員です
専門は近代絵画（特に日本画）

あ、あの美術館のイスに座ってる人!!
ばーん！

それは私です
どーん！
看視員

来館者と展示品の安全を守るお仕事です
集めて調べて人に伝え未来に伝えるお仕事です
主に表で見守ったり案内したり
主に裏でごそごそしている

くらげのひとこと

看視員は、来館者が展示品にぶつからないよう見守ったり、緊急時の避難誘導に備えたりしています。基本的なことはお答えできますし、専門的なことは学芸員に引き継ぐので、短時間なら話しかけて大丈夫ですよ。

誤解②

専門？
考古学だよ

恐竜の骨を探すんですね!!
ばーん!!

どーん!!
恐竜は掘らない!!

人がのこした“もの”や“あと”を手掛かりに
昔の人がどう生きたのかを明らかにするよ

誤解③

専門は
いわゆる歴史学だよー
パセリ

ばーん!!
発掘してるんですか！土器とか!!

どーん!!
掘らない!!
パセ

主に文字で記された史料から
過去の人間がおこしたこととその変遷について考えています

誤解

3人
まとめてー
美術史
です！
工芸
絵画
彫刻（仏像など）

いろいろ
作るんですね!!
ばーん！

どん どん どーん！
作らない！
描かない！
彫らない！

美術・工芸と分けて呼ぶことも
でも趣味で描く人もいるし本業どっちかなって人もいたりするから
本来は信仰の対象だからその視点は
人間が作った、視覚を通して感覚に働きかけるものの歴史を研究しています

衝突

教育普及
絵具をたくさん使ってワークショップ！
展示に関連した和菓子づくりとお茶会！

絵具の汚れが館内に！
水分や食べ物は虫が寄ってくる！
保存科学

んぎぎぎぎぎ
※イメージです

ゾーニングと清掃の徹底で手を打ちましょう
のみましょう
ここのエリアだけならオッケー

くらげのひとこと

博物館は、「保存」と「活用」のジレンマを抱えています。収蔵品を一番安全に、劣化させずに保存する方法は「展示しない」ことですが、そうはいきません。学芸員は両者のバランスを模索し続けているのです。

雑芸員

欧米のミュージアムの役割分担はこんな感じ
エデュケーター（教育普及）
レジストラー（作品の出入りの管理）
コンサヴァター（保存修復）
キュレイター（研究・展示企画）
ハンドラー（取り扱い）

でも日本では学芸員が一人でなんでもやることが多いので
はりパネも上手に切るよ
雑芸員
と自虐することもしばしば

でもなんでそもそも
「学芸員」って名前なんだろう
それは学があって
クルッ

一芸ができるから!!
耳から万国旗〜
また適当なことを
でもすごい

くらげのひとこと

一人で全部することで調整の労力は減りますが、できることに限界があるのも事実。一長一短です。「はりパネ」は、糊（のり）のついたスチレンボード。キャプションなど掲示物を作るのに使います。いろんな呼び方があります。

職業病①

水平どうですか
ちょい左下げ

……右上げ
1月
月 火 水
よし

CAFE
あれ動かないな
お客さま⁉

くらげのひとこと

仕事外でも水平は気になります……。なお学芸員だけで扱えないほど作品が大きい時や、量が多い時、他館から借用して運ぶ時などには、美術品輸送の専門部署がある業者さんに依頼します。学芸員の頼もしい相棒です。

職業病②

はい
撮るよー

あ
もう少し
引いたほうが
いいね

チラ

普段
絶対にぶつかっては
いけないものの中で
動いているので

スススス

広いところでも
後ずさりする時は
後ろを確認しがちです

くらげのひとこと

学芸員が収蔵庫で調査をしている時や、展示ケースの中で展示作業をしている時、作品はむき出しになっています。うっかりぶつかって壊したりしないよう、細心の注意を払って動きます。

不審者①

チルドレンズ・ミュージアム
チケット
大人1名です

子供むけの当館に大人一人で来てるあの人
よその子のことすっごい見てる……
きゃっ
きゃっ
じー

ちょっと心配だから念のため次の看視にも引き継ごう
あ! 犬伏さん!

チケット買う前に声かけてくれればよかったのに
いえ ずいぶん早く着いちゃって
子供を夢中にさせるアイデアがいっぱいで勉強になります!
ホッ
……
なんだ同業者か

くらげのひとこと

他の館に行った時、「どんな設備・道具・方法・コンセプトで、この展示を作っているんだろう」と、どうしても作る側の目線で見てしまいます。もちろん、人一倍、展示の内容も楽しんでいますよ!

不審者②

ヒョコ
ヒョコ

せのびー

えっえっ
あの人
さっきから
明らかに
動きが
おかしい
何!?
田貫さんじゃ
ないですかー

おひさし
ぶりです
ひさしぶりー
ところで
おたくの
LED
照明って
どこの?
色温度
変えられる?
ホッ
なんだ
同業者か

くらげのひとこと

最近はLED照明を導入するところも増え、中には色温度（赤っぽい、白っぽい、青っぽいなど光の色味）を調整できるものもあります。作品が一番魅力的に、自然に見えるよう、試行錯誤しています。

ファッション

ごくたまにフィクションに登場する学芸員はオシャレでキラキラした感じに描かれがちですが
『学芸員と砂漠の王子』
終電まで飲むわよー！

実際には作業しやすい服を選ぶのでオシャレから遠ざかりがちです

作業時の条件を満たすファッションはこんな感じ
ヒラヒラふわふわしない
ネックレス、ピアスブローチなどはNG
指輪、腕時計、マニキュアもなし
動きやすいズボン
ヒールが低く脱ぎ履きしやすい靴

そんな中でも、それぞれこだわりはあるようです
白衣
Tシャツに Gパン
割烹着
他館の内覧会でもらったトートバック

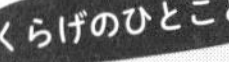
くらげのひとこと

清潔であることはもちろん、服をひっかけたり、ポケットの中身を落として収蔵品を壊したりしないよう気を使います。収蔵庫や展示ケースへの出入りで靴の脱ぎ履きも多いので、着脱しやすい靴は必須です。

月曜日

へー
博物館に
お勤め
なんですか
山奥博物館って
どのへん
でしたっけ

いやー
お話きいてたら
めちゃめちゃ
行きたくなりました
今度の休みに
行きますね！
月曜は何時まで
開いてるんですか？

月曜は……
開いてないんだ
えっ
いつも
ですか？
基本
そうだね……

マジですかー
……
OPEN
10:00〜18:00
定休日：月曜

くらげのひとこと

多くの博物館では月曜日が休館日に設定されています。その日は、展示替えや設備のメンテナンス、清掃、特別な鑑賞会など、休館日にしかできない作業やイベントが行われています。

博物館実習

実習の初日
伊藤若冲が好きです！
本気で学芸員目指してます！
ふれっしゅー

……それで
なぜここにいらっしゃるんでしょうか

館長
ぎょっ

専門は金工とく和鏡ですっ！
新井さんのお仕事のこともっと知りたくて参加しましたっ！
存じ上げております
すごくやりづらいです

くらげのひとこと

大学で定められた単位を取ると「学芸員」の資格が得られます。その過程で、実際に博物館で業務を経験するのが「博物館実習」です。資格を取り、さらに採用試験に合格すると、学芸員として働くことができます。

恋バナ①

ミキの初恋の相手ってどんな人？
小学校の時のクラス委員長
えーっ⁉今はチャラいのがタイプのくせに⁉

まぁ私は5歳の頃からニャニーズの猫宮くん一筋だけどね
知ってる
30回くらい聞いてる

熊谷さんは最初は誰を？
初めてのゼミ発表はジャコメッティでした
えーっ⁉そこからなんで平安彫刻に⁉

私は5歳の頃から近所の畑で鏃（やじり）を拾ってました

いますよねー考古少年がそのまま研究者になっちゃった人

くらげのひとこと

大昔から人が生活していた場所では、今でも畑を耕（たがや）した時などに石器が見つかります。筆者も子どものころ拾いました。学芸員に最初の研究対象を聞くと、今の専門と全然違うことがよくあって、面白いですよ。

とっさ

ええ
書類は財務の
野末あてに
ウィーーン
perox

あ
漢字ですか？
ええと
野原の「野」に
perox

あ
末法思想の
「末」です！

もうちょっと
縁起のいい言葉が
あるのでは!?
「末広がり」
とか！

くらげのひとこと

「お釈迦さまが亡くなって長い時間がたち、教えがすたれたため世の中が乱れている」という「末法思想」が、平安時代の中頃から流行しました。仏像が専門の熊谷さんにとっては、とっさに思い浮かぶ言葉だったわけです。

音読み

これ
コーギ先生の
配布資料ね
コーギー？
偉い先生の
お名前を
音読みする
あのならわし
なんなんで
しょうねぇ

博文 先生
ひろふみ 先生
↓
はくぶん 先生
大林 忠 先生
おおばやし ただし
↓
オバチュウ 先生
たまに
変化球も

女性に
使ってるのは
ボク聞いたこと
ないですね
もとから
音読みの人も
多いしねぇ
知恵先生とか
佳代先生とか

あっでも
「二文字＋子」
の人は
ものすごく
やんごとない
雰囲気に……
慶子先生
明子先生

くらげのひとこと

昔の人の名前の読み方は、確実な証拠が残っているとは限らないので、よく分からないこともあります。この四コマのような現代の慣習も、なぜこうなったのか、いろいろな説があります。なんだかおもしろい文化ですよね。

グッズ

このグッズもらっていいんですか!?
ご自由に
いただいたけどなかなか使い道のないのをね……

これは確かにどういうタイミングで送ったらいいのか……
地獄草紙のポストカード
部屋に飾ったら真面目に生きられそう？

あっこれ雅な感じでいいじゃないですか～
源氏物語「柏木」の一筆箋
使われないんですか？

でもこれ光源氏が「実は俺の子じゃないんだよな」って過去の自分の過ちも思い出してる場面でしょ
なんだか……
そう言われると使いづらい気がしてきた……
そっ

くらげのひとこと

作品の背景を知っていると、考えすぎてしまって使いにくいグッズが時々あります。ちなみに筆者は、「柏木」一筆箋を、古典文学や絵巻が好きな知人には、単純に「お好きかな？」という文脈で送っています。きれいですし！

季節の挨拶

色鮮やかな紫陽花の咲く季節となりました
いかがお過ごしでしょうか

あ「びじゅつ×いきもの」展でお世話になった自然博物館の矢守さんからメールだ

鹿田様
モリアオガエルの卵が
雨に濡れる季節になりました。
お元気でお過ごしでしょうか。
季節の挨拶がカエル!!

モリアオガエルってどんなんだっけ?
カチカチ
うわっ卵こんなふうなんだ
へー、こういう仕組みで……

若手

28歳の
○○選手が
引退を表明
ラーメン
からあげ

大ベテランの
41歳
△△選手が
ラーメン
からあげ

アラサーで
初めて正職員に
なれた
ズズ……

いやいや
科研費の
若手研究の枠も
「39歳以下」だったし
研究者の
アラサーは
若手だよ!
これから
これから

くらげのひとこと

「科研費」は大ざっぱに言うと「国から出る研究費」です。審査があり、応募された研究のうちの一部が採択されます。ただ応募できる館も限られているため、多くの学芸員は、潤沢な研究費を夢見ながら現実と戦っています。

同期

それは大神さんが就職したての頃
就職おめでとー!!
いやー
ようやくだなー長かったよな

俺の同期にラーメンマニアがいてさー
へー
大神のところはおもしろいヤツいる?

俺10年ぶりの採用らしい
正職員としては

えっ大丈夫なの?その職場
学芸員の採用は少ないので同期がいないことがほとんど
大丈夫だとおもう
すげーな

くらげのひとこと

学芸員の募集は、多くありません。さらに自分の研究分野に近い募集となると、もっと機会が狭まります。学芸員の就職は、実力に加えて、運やタイミングが大きく影響します。

COLUMN

ミュージアムの裏側で

■ミュージアム？　博物館？

「ミュージアム」と「博物館」は違うのでしょうか？　世間で使われている様子を見ると、二つはだいたい同じ意味のようです。この本のタイトルでは「親しみやすくしたい」という理由から、柔らかい印象の「ミュージアム」を選びましたが、ここからは、日本の博物館法に記されている「博物館」を使うことにします。

文化庁のウェブサイトによれば、日本には5700を超える博物館が数えられています。※これらは、名前に「博物館」とつくものもあれば、そうでないものもあります。美術館、資料館、文学館、科学館、植物園……みんな大好き、動物園や水族館も、実は博物館に含まれます。何かを集めて、保管、調査し、多くの人が利用できるように公開する施設が、博物館です。

そこで働く学芸員の仕事のうち、いちばん人の目に触れるのが「展示」です。でも、その展示ができあがる前には、裏側でいろいろなことが行われています。普段は裏に隠れているので、学芸員がいったい何者なのか、分かりづらいですよね。一言では説明しづらいので、この本を通して学芸員の仕事の一端に触れていただき、できることなら親しみを持っていただければ、とても嬉しいです。

■博物館と「もの」

今は、本やウェブで世界中の情報が手に入ります。わざわざ博物館で「もの」を集めたり、見せたりするのは、なぜでしょうか？　その理由を、筆者は次のように考えています。

　例えば1枚の絵があるとします。その絵に、何がどんな色で描かれているかは、きれいな画像を見れば分かります。でもその絵は、本当はどれくらいの大きさなのでしょう。添えられたサイズの情報から、なんとなく想像はできます。ですが、手のひらに乗るほど小さく、目を細めなければいけない緻密なものなのか、逆に、大きくて、自分を包み込んで圧倒するような存在感があるのか……それらのことは、実際に絵の前に立たなければ実感できません。自分に対してどれくらいの大きさがあって、それが、自分の気持ちにどう働きかけてくるかは、実際の「もの」が相手だからこそ感じられることです。

　それから、本やウェブにあるのは、必ず「誰かが編集した情報」です。どんなに高精細な画像も、ある特定の光のもとで、ある特定の角度から写した写真です。少し条件が違えば、ぜんぜん違う見え方なのかもしれません。画像に添えられた解説も、誰かが分析したり、考えたりした、ものの一面です。つまり、本やウェブで見られる情報は「このデータは大切だ」と思って残した誰かの、フィルターにかけられた結果なのです。でも実際の「もの」からは、向き合う人が無限に情報を引き出すことができます。ものを残すことは、新しい情報を引き出せる可能性を、未来に繋ぐことです。だから博物館では、「もの」を残して、みんなが利用できるようにする必要があるのです。

※「2．博物館数，入館者数，学芸員数の推移」（文化庁ウェブサイト、2022/09/08 アクセス）　https://www.bunka.go.jp/seisaku/bijutsukan_hakubutsukan/shinko/suii/

2　展示をつくる！

抜き身

貸し出し作業の合間
次の展覧会楽しみですね
ありがとうございます

特に絵画の部屋は名品ぞろいでリストを見るだけでヨダレが出ます
もちろんそれだけでなく展示のコンセプトも素晴らしく新しい視点を提供してくれる日本絵画史研究にとっても大

もう絵画の部屋だけで十分お腹いっぱいに……
スラッ
ぞくっ
ぞくっ

も、もちろん刀剣の展示も見逃せませんよね！
コク
刀につばが飛ぶので喋れない
みんな自分の子が一番のようです

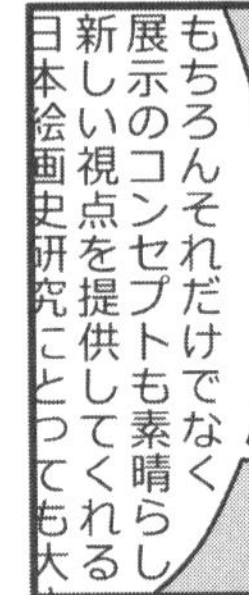
くらげのひとこと

特別展を開く時、自分の館のコレクションに足りない作品を、ほかの館や、個人、神社、お寺などからお借りします。公立館同士で貸し借りする際に借用料はかかりませんが、輸送費や輸送の保険料がけっこうかかります。

アウト

電車の車内広告にはいろいろな表現規制があります
公序良俗に反しちゃダメ
血もNG

うーんこの裸体画も名品なんだけどだめかなぁ
吊り広告どうしよう

キリッ
○○美術館
名品
展
これならセーフ！

いやなんか逆にアウトじゃない……？

くらげのひとこと

ポスターやチラシのほかに、予算が潤沢であれば、電車・バスの吊り広告や、テレビやインターネットでも広報します。新聞社やテレビ局が展覧会の共催に入っていれば、自社の媒体に載せてくれます。

雨女

今度の北陸の集荷やっぱり私に行かせてください
どうしたの急に
さてはカニが目当てですね

いえ急に道の工事が入ったらしく蔵に美専車をつけられなくなったんです
手で持って運ぶ

虎井さんものすごい雨女じゃないですか
降られるとやっかいですよ
……

白エビせんべい買ってきますから
しかたないですね……

くらげのひとこと

作品をお借りする時は、安全を確認するため輸送のすべての行程に学芸員が同行します。トラックに揺られて、日本列島の端から端まで移動することも。作品の輸送は、美術品輸送専用の車（通称：美専車）で行います。

車酔い

展覧会の少し前
図録の作成と集荷は
同時並行で進みます
集荷したり
NYATTSU
広報も
書い
たり

勤め始めてから
車内で字を
読んでも
酔わなく
なったんです
図録の
校正中
慣れるもん
なんですねぇ

後日
キャプション
持ち帰ったけど
チェック
終わらなかった
バスの中で
やろう

お、は……
うぅっ
て、展示作業
いけます……？
ヨロ
今まで酔わなかったのは
美専車のエアサスと
ドライバーさんの
テクニックのおかげでした

くらげのひとこと

美術品輸送専門の業者が所有する美専車には、揺れを抑える空気ばね（エア・サスペンション、略してエアサス）や、荷台の空調設備がついています。学芸員が一緒に乗るため、運転席・助手席の後ろにも座席があります。

アタリ

あ
これ私が
出したのじゃ
ないや
ウィーン
Perox

アタリ
アタリが
いっぱい
……
アタリ

何か分から
ないけど
ラッキー？
楽しそう
あ
それ
僕のです

僕はとても
悲しい
ですけどね
……
田貫さんが
まだ画像手配
してくれない
から……
そーっ
もうすぐ色校なのに

くらげのひとこと

「アタリ（アタリ画像）」は、レイアウトやデザインのために仮に入れておく画像のこと。図録に載せる写真は、自分の館で用意するほか、借用先からもお借りします。作品の撮影は時間のかかる作業なので、計画的に。

攻防①

田貫さん
図録の原稿、昨日が
〆切だったんですが

ごめん
まだ
ぜんぜん
できて
ない

それで
本当の
〆切は
いつかな？

……

本当の
〆切とか
ないです

あるよね

くらげのひとこと

〆切（しめきり）をやぶってしまうのが人間です。編集担当はそれを見込んで早めに設定しますが、相手もそれを知っています。納品が間に合うギリギリの日が「本当の〆切」ですが、何があるか分からないので早めに出しましょうね。

攻防②

先週〆切だった原稿進捗どうですか
ごめんまったくもってできてない

印刷に1週間……

3校までしたとして……

あと3日は大丈夫だね!
勝手に逆算しないでください

くらげのひとこと

図録の進行も、基本的に展覧会担当が行います。大きな展覧会の場合は副担当が付くこともあるので、分担します。いろいろな分野の作品が出る展覧会では、執筆する学芸員の人数も増えるので、取り立てが大変です。

攻防③

金曜にもらってその日のうちに確認と入稿すればなんとかまだ間に合うな
「金曜までに必ずお願いします」……と

金曜まで＝金曜の夜12時まで
あってでも夜中の12時に受け取ってもどうせ作業できないから……土曜の朝でOK!!

いやいや犬伏さんは土日休みのはずだから
月曜の朝に出せば間に合うじゃん!!

「木曜の昼12時までに必ずお願いします」……と
こうして〆切は前倒しされていきます

攻防

田貫さん
マジでそろそろ
ヤバいです
うん
わかってる
わかっては
いるんだよ
……

指定の文字数で
ぴったり
書くから
その分だけ
空けておいて
……
それから
校正は2回で
ちゃんと
終わらせるから……
なにとぞあと1日
あと1日だけ
お情けを……

翌日の夕方
田貫さんから
原稿きてる

……って
作図が必要な
表が
入ってる⁉

しかも
手書き

このあとメチャクチャ
デザイナーさんが
がんばりました……

くらげのひとこと

大規模な館では、基本的に図録のデザインは外部のデザイナーやデザイン会社にお願いします。学芸員が考えたページ割りをもとに、原稿や画像をきれいにレイアウトして、おしゃれに仕上げてくれます。

色校

印刷物を作るとき
色校正も
大切なお仕事です
チラシの色校は
これが最後の
チャンス……

失敗
できないぞ
色校が難しい
水墨画を
一番大きく
載せて
しまった

これはまだ
ちょっと
赤いから
赤みを引いて
もらおう
できるだけ
現物に
近づくよう
頑張ります

後日
あぁぁ
実際の色を
再現するのは
とても難しいです
寒々しく
なりすぎた

くらげのひとこと

例えば、和紙に墨や絵の具で描くのと、印刷用紙に機械で刷るのとでは、まず素材が全然違います。撮影するカメラや照明によっても、見え方は変化します。実物に近い自然な色にするには、細かな調整が必要です。

色校②

使用中
こう……カリッとした感じなんだよ
クリスピーな

使用中
もうちょっとボリューム感がほしくて

なぜ……食べ物の話？
そっ

図録の色校正中

ここは輝きがほしいな

印刷業者の人はこんな抽象的な言葉も汲み取って印刷に反映してくれます

あ

印刷用の言葉に翻訳して書き込んでいる

くらげのひとこと

展覧会にどんな作品が出たのか、写真と解説文で記録して、会期後も見られるようにするために図録を作ります。会場解説よりも長い解説文や、論考を入れられるので、より専門的な内容を載せることができます。

色校③

うーん
この微妙な
色の差を
どうやって
伝えようか

お世話に
なりまーす

15分だけ
待ってて！
あれ
出すから！

これ！
この色
なんです
あぁー
なるほど
自館の所蔵品で
状態のよいものは
こんな裏技も

色校④

この作品は
この本で
すごくうまく
いったから
これに
あわせてね

ありがとう
ございます
過去の
成功例があると
スムーズに
進みます

それから
この作品は
この図録
こっちは
この全集に
あわせて
……

重い……
ずっしり
コピーすると
色が変わるので
全部持って
帰ります

くらげのひとこと

目に見える「色」を、言葉で正確に表すのはとても難しい作業です。「言葉」というフィルターを通すよりも、よくできた印刷物と見比べたほうが、色の調整がスムーズに進むことが多くあります。

納品

展覧会の前日
やった！なんとか間にあった！
急いで午後の内覧会用に袋詰めしましょう

ヤバい間に合わないかも……
フラ〜

はやい……!!
シバババババ

ありがとー
ありがとー
あれ……でもそもそも田貫さんが原稿遅れたからギリギリになったのでは……

くらげのひとこと

展覧会がオープンする前日には内覧会を行います。作品の所蔵者や博物館の支援者、関係する研究者、報道機関の記者などを招きます。図録を差し上げるので、この日までに納品されていないと、とても困ります。

複雑な心境

今回の図録
おしゃれ
ですね！
うん……
用語解説の
ページも
便利〜
でっき
たてーの
ほっかほかー

チラッ

あー
パタ

どうしたん
ですか？
見たら誤植が
見つかる
気がする
何度も
校正したけど
……
見たいような
見たくない
ような

この人

この人とこの人の間を40センチあとは均等割りでお願いします

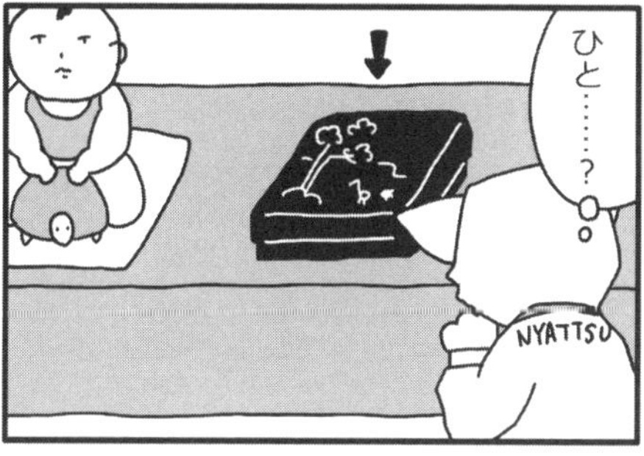
ひと……？
NYATTSU

ピー
こっちのことだったのかな
NYATTSU

いやいやこっちの「ひと」たちだよ
えっマジですか
学芸員の中には時々作品を「この人」と呼ぶ人がいます
そうそう

くらげのひとこと

なぜ「この人」と呼んでしまうのでしょう。こういう学芸員、実はよくいるのです。作品が重ねてきた時間の重み、唯一無二の個性、大切にしたいと思う気持ちが、「ただのモノ」とは思わせてくれないのかもしれません。

目

展示おつかれさまです
ふー

あいたたたた
目にゴミですか？

…………

目にウールが
種類が細かいな……

くらげのひとこと

普段の生活の中でも、自分の専門分野に関連するものには解像度が高くなります。工芸担当で、特に染織品に詳しい鹿田さんにとっては、繊維の種類はつい判別してしまう対象だったようです。

1件

午後の展示
あと1件だー

1件

1件

全部で1件
ちまちま

くらげのひとこと

まとまりを把握するために、ひとそろいのものを「1件」と呼びます。1幅の掛け軸も、2つで1組（1双）の屏風も、3巻セットの絵巻物も、たくさんの人形や道具がセットになった雛(ひな)飾りも、件数としては1件です。

誤字

祈りと願い
今回はおしゃれな布のバナー
ちょっと透けててかっこいい

ハッ
い

巨大なマナズが原因と

ガタガタガタ
追加費用
作り直し
カッコ悪い
訂正シール
あああああああああ

くらげのひとこと

展覧会の会場には、パネルやバナー、キャプション（会場解説）などを設置します。大きなものは外注しますが、キャプションは館内で印刷するところが多いようです。館内刷りなら、直前まで手直しができますからね。

リハーサル

ローカル番組で展覧会の紹介をしてもらえることに
「食いしん坊大名！」のリハの後に続けてお願いします
あっ、はい

モチモチでカリッカリ！
んーー！ジューシー!!
こーれは止まらないですね～
リハでも食べられるんだ
いったいどんな美味しいものを……？

じっ

紙きれ!?
それでそんなにリアクションできるの!?
あーん

くらげのひとこと

自分が担当した展覧会の広報のために、テレビやラジオなどに出演することもあります。人前で話したり、映像を取られたりするのが苦手な学芸員も、もちろんいますが、展覧会を知ってもらうためにがんばります。

記念

展覧会は一度オープンするとニュースに乏しいので
「〇万人記念」などの節目にお祝い＆広報をします
ニギ
ニギ
そろそろだな
㊗来館者
2万人

よし あの美男美女のアベックだ！
カップル

え
パッ
あ
おめでとうございます！
取材よろしいでしょうか

しまった
なんかワケありっぽい!!
君だけ受けなよボクはあっちで待ってるから
うん

くらげのひとこと

一部の展示替えをのぞいて、展覧会期間中の展示内容は基本的に同じなので、オープンした後は目新しいことがそれほど起こりません。再注目してもらうために、〇万人記念などのお祝いをして、「ニュース」を作ります。

きゅうかんび

オンライン飲み会@日曜
あるある
あるあるー

それではまた
さよならー

さてと
さて

明日は休肝日だし
今日のうちにもうちょっと飲んでもいいよねー
シュパ
明日は休館日だから
あとちょっといいよね
トポポ
展示替えもないし

くらげのひとこと

学芸員のお休みは不規則です。土日も館は開いているので、交代出勤で誰かがいます。月曜は休館日なので、お休みを取ることも多いですが、展示替えやメンテナンスなど、作業がある場合は出勤します。

いつものこと

@自宅
美術館のニュースは〜

県立美術館がリニューアルオープン
ほぉーん

県立美術館では○○○○
○○○○○○○○○○○
○○○○○○○○○○○
○○○、県立美術館の
○○○○○○○○○○

どこの県立!?
あ、○○県の新聞社の記事か

くらげのひとこと

公立博物館は、地元では「県博」「市美」などと略されます。新聞でも「県立博物館」などと書かれますが、最近はウェブで全国の記事を見ることができるので、よく読まないとどこの県立博物館なのか分からないことも。

業務日報

看視さんや
警備さんの
業務日報は
館内で共有
されます
ふむふむ
PCで
見てる→

お客様より
キャプションの
誤字の
ご指摘が
ぎゃっ

友の会
パスポートの
期限切れに
納得されない
お客様が
大抵
胃が痛くなる
内容ですが
頭が
下がります

たまに
ほっこりする
報告も
庭の池の
カモの親子が
引っ越しを
したので
川まで
誘導しました
ピヨ
ピヨ

くらげのひとこと

館内で起こったことや、解決すべき問題を職員全体で把握するために、業務日報を共有しています。ひと昔前までは紙媒体で回していましたが、今はデータでその日のうちに全員が確認できるので、とても便利です。

アンケート

アンケートは職員全員で回覧します
有名なアレが出てなかった
あつすぎ
さむすぎ
声が大きい人注意して
小声なのに注意された
うぅ

地元にこんな宝物があったなんて知らなかった！見に来てよかった
嬉しいコメントがあるとやる気百倍です
パァァ

田貫氏が今回初めて指摘された両寺の関係はこの地域の信仰の在り方を考える上で非常に重要云々……
どう見ても同業者……
ドキドキ

今後もぜひ調査・研究を進めて成果を発表していただきたい
お褒めいただけてよかった！
でも田貫さんが調子に乗りそうだから〆切のこと厳重に注意してから見せよう
ホッ

ボリューム

おもしろいんだよー
きゃっきゃ
チラ

あの……

館長
もう少しボリュームを落としていただけると

館長!?
しゅん
ごめんね久しぶりに友達が来たからつい……

くらげのひとこと

看視員の役割は、来館者と展示品の安全を守ることです。来館者同士のトラブルを防ぐために、声掛けをする場合もあります。でも、ときどき学芸員と間違えられて、解説を求められたりします。

新出資料

こんな絵師が山奥にいた
文鳥斎
ニギニギ

実は蔵にこんな掛け軸がありまして
誰だこの画家と思ってたんです
大作!!

ご先祖さまが仲がよかったらしくてね
そんな立派な人だったとは
直筆の書簡!!
ドサッ

あぁ事前調査で分かってたら展示できたのに!!
でも展覧会をしたから見つかったわけだし
あぁでも展示したかった!
忙しいね
いやしかし
そろそろ巡回のスケジュール固めましょ

くらげのひとこと

展示が新しい発見につながることがあります。多くの人の目に触れることで、「実はうちにもこんなものがあるんだ」と、新しい情報が寄せられることがあるのです。学芸員が仕事にやりがいを感じる瞬間の一つです。

作品返却

他館から作品を借用したら

返却の際調書（コンディション・レポート）をもとに
借りた時と変化がないかを確認します
これはもとからのヘコミですね
ですねー

あーっ!!
ドキーン

こんなところにもワンちゃんいたんですね
うちでは展示しないから気づきませんでした
よかった新しいキズとかじゃなくて……
ホッ
かわいいー

くらげのひとこと

作品を借用する時は、まず調書（コンディション・レポート）に状態（傷・汚れなど）を細かく記録します。返却の時、調書に記載があれば、その傷が借用中についたものではないことの証明になるわけです。

展示ができるまでのスケジュール

博物館の展示には、大きく分けて二種類あります。その館の収蔵品を展示するもの（常設展、コレクション展示など）と、大規模で、たいていの場合外からもお借りして行うもの（特別展、特別展覧会、企画展など）です。ここでは、ある特別展を例に、スケジュールを表にしました。

図録	広報
	早め広報の作品決定・写真手配 報道関係に情報提供開始 プレチラシ作成
図録用の写真集め **写真撮影** 図録の仕様決定 業者の決定	広報用作品の決定・ 写真の手配 ポスター・チラシ作成
写真・原稿の入稿	ポスター・チラシ・ ウェブサイト完成
文字校正 色校正	ポスター・チラシ発送 取材対応・各種広報媒体の校正
校了	
納品	
正誤表の作成 増刷検討	

COLUMN

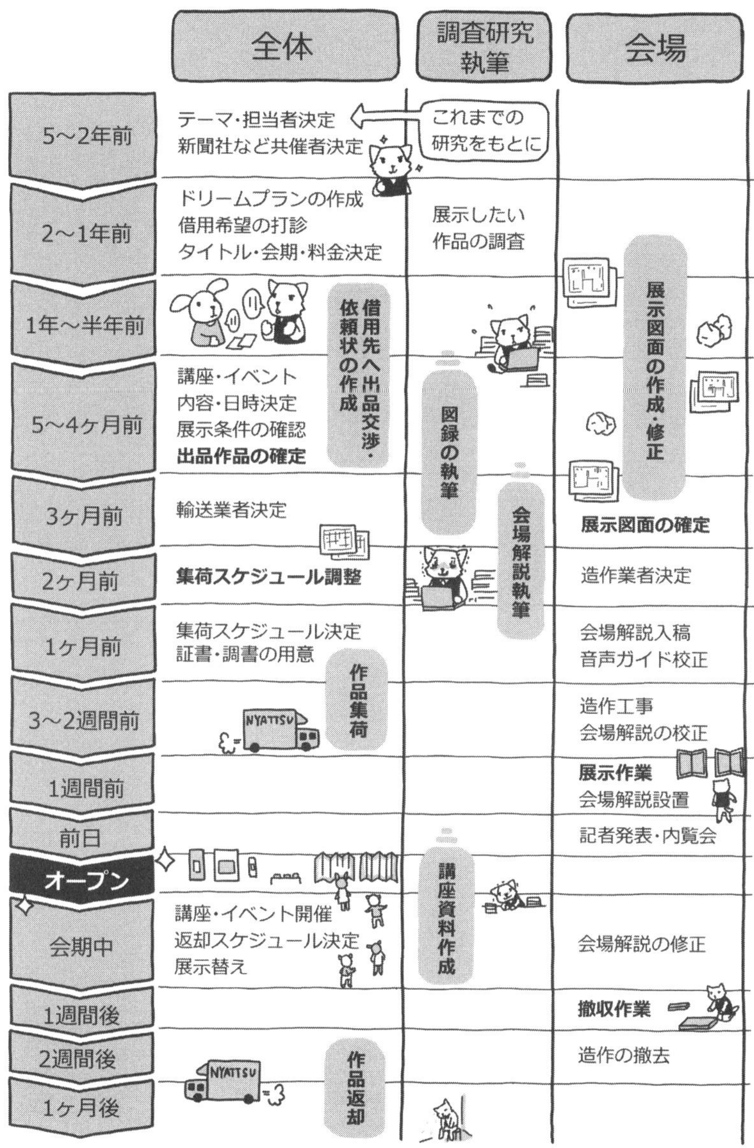
全体
調査研究
執筆
会場
5〜2年前
テーマ・担当者決定
新聞社など共催者決定
これまでの
研究をもとに
2〜1年前
ドリームプランの作成
借用希望の打診
タイトル・会期・料金決定
展示したい
作品の調査
1年〜半年前
借用先へ出品交渉・
依頼状の作成
展示図面の作成・修正
5〜4ヶ月前
講座・イベント
内容・日時決定
展示条件の確認
出品作品の確定
図録の執筆
3ヶ月前
輸送業者決定
会場解説執筆
展示図面の確定
2ヶ月前
集荷スケジュール調整
造作業者決定
1ヶ月前
集荷スケジュール決定
証書・調書の用意
会場解説入稿
音声ガイド校正
作品集荷
3〜2週間前
NYATTSU
造作工事
会場解説の校正
1週間前
展示作業
会場解説設置
前日
記者発表・内覧会
オープン
講座資料作成
会期中
講座・イベント開催
返却スケジュール決定
展示替え
会場解説の修正
1週間後
撤収作業
2週間後
造作の撤去
作品返却
1ヶ月後
NYATTSU

■特別展を作る

特別展を企画する時には、まずテーマと「ぜったいに展示したいもの」を決めます。わくわくする時間です。それから現実とのすり合わせが始まります。いくらお金をかけられるのか（予算）は、最初の大きな課題です。作品や資料をお借りするには輸送費や保険費がかかります。お借りする前には出品交渉に赴くので、その旅費も必要です。

決められた予算の中で、どれだけ作品をお借りできるのか、学芸員は頭を悩ませます。集荷や返却の際には、費用を抑えるためにできるだけ効率のよいルートで移動しようとしますが、相手先の都合もあるので一筋縄ではいきません。大きな特別展の時には、博物館の予算だけでまかないきれないので、新聞社や放送局などと共催で展覧会を作ることが、現在の主流になっています。

また、古い美術品は弱くて傷みやすいので、展示期間にも制限があります。国宝・重要文化財の場合は基本的に、公開は年間60日まで、移動は2回までと定められています（丈夫な素材のもの、特別な事情のあるものは別）。いくつかの博物館をまわる巡回展の場合には、この制限を守りつつ、目玉となる作品が出品できるよう調整が必要です。

■常設展の魅力

ここまで特別展のお話をしてきましたが……本当は、いわゆる「常設展」こそ多くの人に見てもらいたい、と筆者は考えています。その博物館の魅力が凝縮されているのが常設展です。常設と言いつつ、実は作品保護のために展示品を定期的に入れ替えている館も多くあります。特別展と違って、並んだり、混雑したりもしません。自分のペースで、ゆったり「普段の博物館」と向き合ってみるのも楽しいですよ。

3　あつめる、しらべる、整理する

礼儀作法

ぺこり

合掌

お寺で
調査の時
何か
頼まれたら
くるっ
返事は
「りょうかい
まんだらー」
だからね

そんなわけが
あ……
アルカイック
スマイル!!
のって
くれると
思わなかった
混乱
困惑っ

くらげのひとこと

地域のどこに、どんな文化財があるのか把握するのも学芸員のお仕事です。古い家や、お寺、神社には、まだまだ文化財が眠っています。調べて整理することで、地域の歴史や過去の人々の営みが少しずつ分かってきます。

掃除

本当に
汚くて……
申し訳ない
ねぇ
いえ
お掃除も
仕事
ですから！
お掃除の時は、
自分の身を守るために
手袋やマスクをします

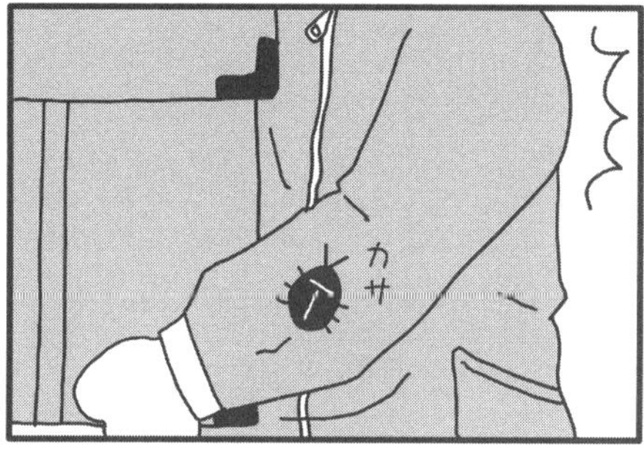
カサ

ああああああ
そのまま
ゆっくり
サコサコ

ああああ
あああ
おろじで
ピタ
この後
通りがかった
新井さんが
無事回収
しました

くらげのひとこと

調査は、まず蔵などに収められているものを出し、箱のお掃除をするところから始まります。長年積もったホコリで真っ黒になっているものも。それから、安全な場所で中身を取り出して調書を取り、写真を撮ります。

境界領域

調査@旧家
あ
なにやら古そうな書画を貼り交ぜた冊子が

見せてください
僕やりますよ
←画
書→

それから
先代の大量の絵日記が
どっさり

遠慮なさらず
お先にどうぞどうぞ
そちらこそ
数えたり測ったり撮ったりはまかせた……!!

くらげのひとこと

調書には、名称や作者、時代、材質、サイズなどを記入します。経験を積んだ学芸員は、ものを観察して「いつ頃、誰が作った、何なのか」を判断することができます。ただし、時にはよく分からないものも出てきます。

薄葉紙

うす（薄葉紙）って便利ですよね
巻きうす
バラうす
ユリウス
そうねー

包んだり
丸めてクッションにしたり
中に綿を入れて布団にしたり
細く割いてしごいて紐にしたり
いろんなものをやさしく包めるし紐はかなり丈夫

じゃこれも箱詰めお願いします
ウッス!!
NYATTSU

「うす」だけにね
ニャニャ
ニャニャ
ねらってないねらってないっス

くらげのひとこと

調査で見つかったお品物を博物館でお預かりする際には、梱包（こんぽう）して輸送します。大がかりな時は、美術品輸送専門の業者さんの力を借ります。薄葉紙（うすようし）や、さまざまな段ボール素材などを駆使して、安全に運びます。

怖い話①

なぜ親睦会で登山？
幹事の趣味です
がんばって
ぜぇぜぇ

見える……
じーっ
えっ？

こういうところに出るんだよ……
ちょっとやめてくださいよぉ
ひぃぃぃぃ

山岳寺院の遺跡が!!
ほらこの地形いかにも！
掘りたい！
行きますよー
お腹すいた

くらげのひとこと

経験を積んだ学芸員は、直感的に何かを感じ取ることがあります。田貫さんの頭の中には、昔の人が建物を作りがちな場所のデータが、蓄積されているのでしょう。他の人には見えないものが見えているようです。

寄贈

本当にいいんですか？こんなに素晴らしいコレクションを……
父が大切にしていたものなので
ぜひ末永く保管して役立てていただければ

別の日
本当にいいんですか!?こんな立派なコレクションを……!

もうねあの人はこんなことにばっかりお金と時間を使ってたのよ!!
ほんとに困った人で!!
書類はいいからすぐにでも引き取ってほしいの!!
ぷんすか

いえさすがに手続きは省略できないので……
アタフタ
アタフタ

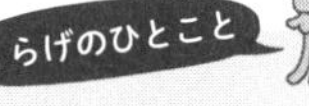
くらげのひとこと

寄贈とは、博物館で収蔵・展示するために、お持ちのものを寄付していただくことです。ただ、なんでも受け入れると収蔵庫がすぐにいっぱいになってしまうので、博物館の収集方針に照らし合わせて受け入れをします。

恋バナ②

ニャニーズの
猫宮くんが
猫宮くんがっ
け、結婚
するってぇぇぇ

私のほうが
ずっとずっと
前から
好きだった
のにぃぃぃ
あーあー
びぇーっ

うちの寄託品
だった
あの屏風
東京の
大金美術館が
購入することに
なったそうで……

うちのほうが
ずっと前から
お預かり
してた
のに……
うちに
購入予算が
ない
ばっかりに
……
ううう
シクシク
シクシク

くらげのひとこと

寄託品とは、博物館にお預けいただいているもののこと。博物館はお品物を安全に保管し、研究や展示に活用させていただきます。持ち主が返却を希望されれば、お返しするので、この四コマのようなことも起こります。

作品購入

公立館が
作品や資料を
購入する場合
山奥博物館

館内の会議に
加えて
外部の専門家の
確認も必要です
ぺこ
無事に
認められて
よかった
またね
ふう

あの館長
そろそろ
蔵に戻しても
よろしい
でしょうか
キラキラ

ケースなしで
見られるの嬉しい
もうちょっと
見ていたい
そんな顔で
見られ
ましても……

くらげのひとこと

予算のある館では、古美術商や個人などから購入して収蔵品を充実させます。その際には、本当に購入に値するものなのか、金額は適正なのかを、慎重に確認します。ちなみに館長は、毛が落ちないように結んでいますね。

役得

就職する前から大好きだった作品
この絵の前でゴロゴロできたら最高だろうなー
……

ドキドキ

データロガロガ回収～♪
ガチャ
ぱあぁ
臥遊（がゆう）～

パタン

くらげのひとこと

「横になって絵をながめ、その地に遊んだような気持ちで楽しむこと」を臥遊（がゆう）と言います。ええ、解説の執筆に必要な作業なのです。新井さんは、収蔵庫の温湿度を記録する装置「データロガー」の回収に来たようです。

箱

スー

スー

まだある!?
スー

ふう
マトリョーシカ
ちまっ

くらげのひとこと

例えば、お茶の道具の箱に著名人が書いた文字があったら、その箱を守るために、のちの人が箱を付け足します。付け足した箱が立派な漆塗りだったら、それを保護する箱が作られます。こうして箱は増えていきます。

真の姿

はいこれ『秀吉のパティシエ』最新巻
サンキュー
にんじん

ザッ
バッ

ははは
これが私の
真の姿
だよ
ジャーッ

今日は一日収蔵庫にこもります
何回見ても慣れないな
毎回やってんの？あれ……
ザッザッ

くらげのひとこと

収蔵庫にこもって調査をする作業は、学芸員にとって一番楽しい仕事かもしれません。ものに向き合い、情報を引き出し、記録し、比べ、考察することで、さまざまな発見があります。作業の前には、手をきれいに洗います。

真行草

森本さんって作業の時と普段のギャップがすごいですよね
真の姿
そーだね

ちなみにこれは「草の姿」

……
「行の姿」もあるんですか

あるけど本当に大切な人にしか見せられないよ
いや別に見たくないです
甘えたいけどかっこつけたいそんな複雑な男心
めんどくさいタイプですね

くらげのひとこと

「真行草」は、もともとは書のスタイルを表す言葉です。もっとも格式が高くて整ったものが「真」、その真逆の崩れたものが「草」、それらの間にあるものが「行」です。絵画や茶道など、他の分野でも使われます。

スナップ写真

カメラを新しくしたから今日の飲み会記録係しちゃうよ
わーいお願いします！

後日
これこの前の写真
見ます見ます

仏像の調査写真じゃないんですから
もうちょっとまわりも含めて撮ってくださいよ
ドアップやだ〜
えー

くらげのひとこと

仏像など立体物を撮る際は、正面・両側面・背面など、特徴が分かりやすく、他のものと比較しやすい角度から撮影を行い、被写体は画面の中央に収めます。スタジオ撮影では、背景に無地の紙（大抵はグレー）を置きます。

見ごろ

今日は
文化センター
だっけ？
ええ
講演で

中庭が
ちょうど
見ごろだから！
おすすめ
だよ！
花？
今の時期だと
なんだ？

化センター
おおっ
これは

確かに
見ごろだ

くらげのひとこと

街なかでも、地下への影響が少ない使われ方をしていた土地や、遺跡を守る措置をして使っていた場所には、今も遺跡がのこっています。重要な発見があれば、誰でも参加できる現地説明会が開かれることもありますよ。

単眼鏡

ただいま
電話対応を
しており
まして……
あっ
先に展示を
拝見してますので
大丈夫ですよ！

電話長引い
ちゃった
虎井さん
どこかな
わらわら
わらわら

分かり
やすくて
よかった
……
落款（らっかん）……

くらげのひとこと

ものを拡大して見るための「単眼鏡」は学芸員の必須アイテムです。細かい描き込みを観察したり、印（いん）の形を確認したり……。倍率が高いほど大きく見えますが、手振れも大きくなるので、ほどほどのものがおススメ。

蔵書

@職場
あれー
ないなぁ
家だった
かなぁ

@自宅
絶対
持ってた
はず
えーん
出ておいで
〆切が
迫ってるし
もう買うしか

後日
あー
そうそう
こんな
表紙……
結局買って
しまった……
日本橋の
古本屋

……

判型

ぐぬぬ
perox

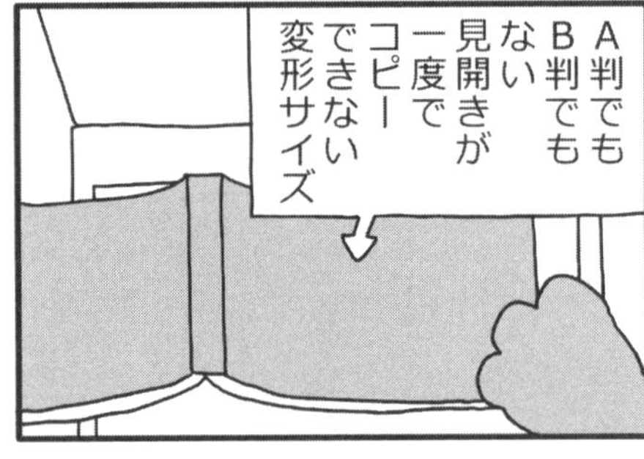
A判でもB判でもない見開きが一度でコピーできない変形サイズ

こんなコピーしづらい図録作ったのどこだよー!?
perox

セルフつっこみ……
当館だよー!!
perox

くらげのひとこと

巻子や屏風など、横長の作品の写真をできるだけ大きく載せるため、横長の図録を作ることがあります。個性的でおしゃれな図録にしたくて、変わった判型にすることも。でも実は学芸員自身も、使う時に苦労しています。

豪華版

よいしょ
うっ
グキッ
perox

巨大すぎて乗りきらない
うううううう
いたい
perox

こんな危険な豪華版作ったのだれ……
perox

うふふ
恩師だ……
perox

くらげのひとこと

最近あまり見かけませんが、昔の美術全集や図録では、通常よりも内容や装丁が豪華で、サイズも大きい「豪華版」が作られることがありました。図版が大きいのが魅力ですが、重たいのでコピーの時には危険が伴います。

とある一日①

テルルルルル
今日こそはあの作品の再調査するぞ！
回覧でーす

はい博物館では「鑑定」はしていないんです
研究のためには拝見することはありますが
集荷の日程変更についてご相談
図録の2校だよ

講座タイトルの〆切が昨日でしたが
色校3時から〜
寄託品の名義変更でご連絡が

はっ！もうこんな時間！
明日こそあの作品の再調査を
振り出しに戻る！
助成金の申請書類の提出〆切は明日です
テルルルルル

くらげのひとこと

ものと向き合い、集中して研究する「理想の一日」は、なかなか訪れません。展覧会のためにあちこちに連絡して調整をしたり、さまざまな手続きをしたり……。学芸員は、意外に人とやり取りする仕事が多いのです。

とある一日②

うーむ
あー
これがあれだよねー
はくさ

ダカダカ
ダカダカ
ダカダカ

ふん
ふーん
ふんがふーん

あー今日は原稿進んだなー
充実した休日@自宅
はくさ

くらげのひとこと

勤務中は、話しかけられたり電話が来たり来客があったりするので、なかなか集中して執筆ができません。みなさんが展覧会や図録で読んだあの文章も、実はお家で執筆されたものだったかもしれません。

似ている

エリちさー
モデルのニャコルに
似てるって言われた
ことない？
そわぁ
えっ
どのへんが⁉
似てる⁉

ねーねー
柴田クンさー
虎井部長に
字が似てるって
言われない？
字粒が
揃ってる
ところとか
はらいの
角度とかさー

えっ
字？
そんな
こと
いまだかつて言われた
ことがないし、そもそも
考えたこともない。
というかそれは褒められ
てるのかそうじゃないの
かどっちなんだ？
じつぶ？

書きにくい
ので
見ないで
くださいっ
あと
うるさいです
えー

くらげのひとこと

誰が記したか分からない昔の文字も、書き方の特徴から、時代や筆者をある程度推測することができます。いつも文字ばかり見ている森本さんは、やはり他の人の書く字が気になるようです。

貝塚

1週間前に回覧に出した書類
戻って来ないんです
あぁそれならタヌキ貝塚にあるかもね

急ぎじゃなさそうだから後まわしにしてた
1週間前ならこのへんかな～

年代順になってる
ザザ
今朝問い合わせがあった
3年前の講座の資料もついでに渡しておくね
このへん

落ちたやつ適当にまとめたんでここ置いておきますね
あぁ～土層の攪乱（かくらん）が～

作品名①

とあるお寺での調査
これは「四季耕作図屏風」っと

古い作品には名称がなかったり箱のあちこちに違う名称が記されていたりするので
慣例にならって名称を付け直します
近代の画家さんは自分でタイトル決めてくれてるから楽だなー

なんだかよく分からない生き物
こ、これはいったい何図と言えば……

ハダカデバネズミ図？
たぶん18世紀末ですけど
日本にいたんですか？

くらげのひとこと

学芸員がつける名称は、それを見ただけで作品の概要が分かるようになっています。例えば絵画なら……「〇〇図」は掛け軸、「〇〇図屏風」は屏風、「〇〇図巻」は絵巻です。「〇〇」には、絵の主題（テーマ）が入ります。

画題

今日も調査@旧家
あら立派な唐美人
スルスル

スルスル
ちょうちょ

あ、そ
楚蓮香!!

画題の判別もお仕事のひとつ
……早押しクイズ?
フフン
分かってたし

くらげのひとこと

「画題」は絵のテーマ、つまり「何が描かれているか」を指します。昔の絵は、大抵お決まりの画題で描かれています。楚蓮香は、中国・唐の時代の美女。彼女のよい香りに誘われて、蝶がついてまわったそうです。

作品名②

花と鳥の楽園(パラダイス)
一番気になった作品の感想書くやつあったよね
何にした?

えっ これもあれも「花鳥図」じゃん!
こっちも!

ていうかほぼ「花鳥図」と「四季花鳥図」しかなくない?
やばいwww どうやって区別すんの?
展示リスト

ウケる
草www
そうか! 言われてみれば変かも!?
考えたことなかった

くらげのひとこと

華やかで美しい花や鳥の絵には、何か意味が込められていることも。題材が限られていれば「竹雀図(ちくじゃくず)」など具体的な名前を付けますが、いろんな種類が混ざっている場合や種類が不明な場合は、「花鳥図」と名付けます。

員数

作品の単位って
いろいろあって
ややこしいですね
員数って
呼ばれてる
やつ

でも員数を見れば
それが
どんな形なのかも
分かるから
慣れると
便利
6曲1双
双（屏風のペア）
2曲1隻
隻（片方／1つ）
1対
対（ペア）
1合
合（蓋と身）

なるほどー
……
ところで
大神さん
最近いつも
ゴーヤ
ジュース
飲んでますね
美味しいん
ですかそれ？

これね
ネットで
試しに1本
買おうと思って
注文したら
1ダース（12本入）
だったんだよ……
ねむ……
ついでに
これも……
ポチ
すごく
にがい

作品名③

やきものの名称は基本この順番
染付雲龍文鉢
技法 文様 形状
なるほど

漆工
菊蒔絵鏡箱
文様 技法 形状
さっき聞いたのと違うな
技法と文様が逆
分野ごとにルールがあるのか？

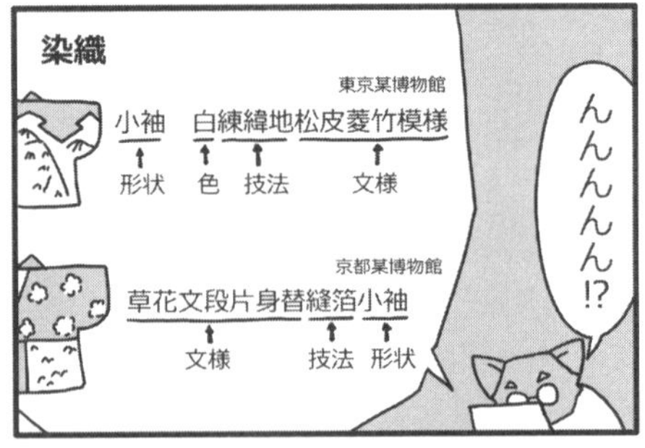
染織
東京某博物館
小袖 白練緯地松皮菱竹模様
形状 色 技法 文様
京都某博物館
草花文段片身替縫箔小袖
文様 技法 形状
んんんんん!?

統一されてないのぉ!?
どーしたの？スーパーハカー氏
耐えられない！
ハカーじゃないハッカー!!……じゃなくてSEです！
にんじん

くらげのひとこと

なぜ名称のつけ方が違うのか、筆者も詳しい理由は分かりません。食べ物や生き物の呼び名が地域によって違うように、それぞれわけがあるのでしょう。SEは「システムエンジニア」の略。情報システム担当者です。

COLUMN

どこから来て、何をしているのか

■展示品はどこからやってくるのか

博物館の展示室に並んでいるものは、どこからやってきたのでしょう？　実は展示室に出ている数の何倍、何十倍もの収蔵品が、収蔵庫には保管されていて、出番が来るのを待っています。山奥博物館のように文化財を扱う博物館の場合、収蔵品は、「購入」「寄贈」「寄託」の三種類の方法で博物館にやってきます。

・購入品

館の予算で購入したものです。古美術商や画廊から購入することもあれば、事情により作品を手放すことにした所蔵者から購入することも。ただし財政難などで、収集のための予算がまったくついていない博物館もあります。

・寄贈品

館に寄付していただいたものです。親族から引き継いだお品や、自分のコレクションなど、大切なものを未来に伝えるために、博物館に寄贈してくださる方がいます。時には館の収蔵品充実のために、自費で新たに購入して寄贈してくださる方もいます。

・寄託品

館がお預かりしているものです。お寺や神社、個人などからお預かりしています。博物館は、温湿度管理や虫害対策など、保存のための環境を整え、盗難や火災を防ぐ設備も備えているので、より安全に、大切なものを保管することができます。お預けいただいたものは、博物館の展示や調査研究に活用します。

■「もの」に「情報」を与える

新たに作品を収蔵する時には、それが「どんなものか」を明らかにする必要があります。例えば古美術なら、基本的な情報として作品名、時代、作者、材質、サイズが必要です。こうした情報は、何もせずに手に入るものではありません。もちろん言い伝えとして付属する情報もありますが、それが本当に正しいのか、判断するのも学芸員のお仕事です。

まったく情報のない「もの」だけが出てきた場合でも、経験を積んだ学芸員は「それが何か」を判断することができます。私たちも、例えばファッションに興味がある人なら「これは最近流行のもの」「これはバブルの頃に流行っていそう」など、特徴を捉えて判断ができます。学芸員の頭の中には、自分の専門分野に関するデータベースがあるので、ものをよく観察して「〇〇時代に、〇〇派が制作した〇〇だろう」などと判断できるのです。

これまでの研究成果をもとに「いつ、誰が、何のために、どうやって作った、何なのか」を判断して、作品に情報付けを行い、整理することで、初めて博物館の収蔵品として活用できるようになります。

4　まもって、のこす

揺れ

カタカタ
ハッ
地震だ

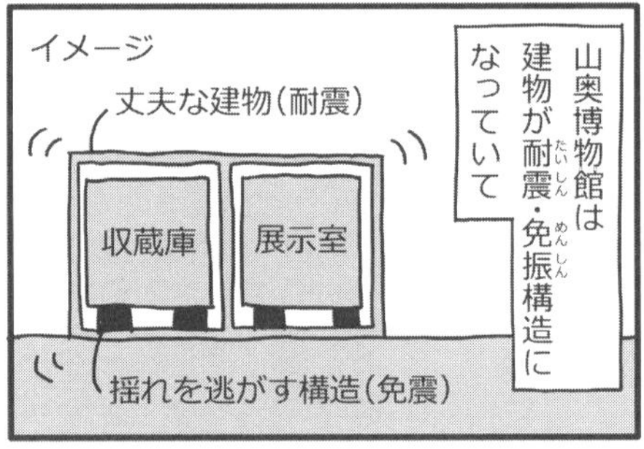
山奥博物館は建物が耐震・免振構造になっていて
イメージ
丈夫な建物(耐震)
収蔵庫
展示室
揺れを逃がす構造(免震)

ケース内の免震台も揺れを軽減して作品を守ります
ホッ
重心が高いものは中に鉛玉を入れている
パタ
パタ
↑免振台
揺れると側面のふたが開く

ただ免振機能のない事務所の(片付いていない)机は大惨事になります
ぐちゃあ
うわぁぁぁ

くらげのひとこと

地震が来たら、学芸員はまず展示室や収蔵庫に行って、展示品や収蔵品に被害がないか確認します。深夜や早朝の場合は、まず宿直の警備員が確認し、学芸員もできるだけ早く事態を把握します。

消火設備

@収蔵庫前室
ガチャ

水濡れや
消火剤による
汚損を避ける
ため
注意　ここには
不活性ガス（二酸化炭素）
消火設備を設けています。
博物館には
ガス消火設備が
備え付けられて
います

万が一火災が
おきたら
収蔵庫内に
誰もいない
ことを確認
それから
ガス消火の
起動
もし人が
残っていたり
したら……

来☆迎
パァァァ
シミュレーション
するたび
ドキドキするな
僕はもう
疲れたよ

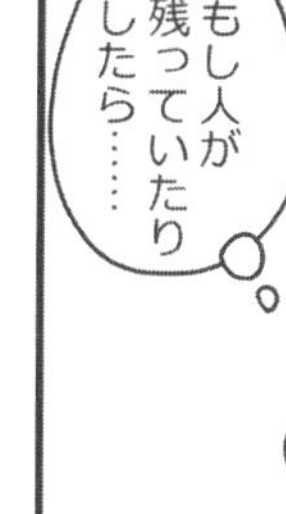

くらげのひとこと

消火に水を使うと収蔵品が濡れて痛んでしまうので、展示室や収蔵庫では、燃えないガスで満たして火を消します。ガスの種類はいろいろですが、どれも人間が生きられる環境ではなくなるので、避難してから使います。

虫①

館内で虫を見かけたら
活きのいい紙虫(しみ)だ
ピチピチ
仮置

ラッピングして手紙(場所・日時)を添えて

ピチピチ
保存担当にプレゼント
スッ

やめてやめておやつの上はやめて
虫好きとは限らないので置き場所には気を付けましょう
Packy
ピチピチ

くらげのひとこと

保存担当は、収蔵品を安全に保存するために環境を整えます。温湿度、虫、カビ、有害なガス、光、災害など、収蔵品にとって危険なものはいろいろあります。保存の専門職員がいる館は、まだまだ限られています。

虫②

ウィーン
サコサコ

スパァァン!!

ガチャ
新井さーん
さっき玄関で
立派なゴキちゃ
わー!!

ごはんの
……
あとで
見ますので
……
私の机の
足元に……

くらげのひとこと

文化財に悪影響を与える虫のことを「文化財害虫」と呼びます。木や紙でできた文化財を食べたり、糞や巣で文化財を汚したりする虫のことを指します。博物館で飲食が制限されるのは、虫の食料を増やさないためです。

落とし物

よいしょ
よいしょ
info

キラ
キラ
おとしもの
いっぱい
あったから
ぜんぶ
ひろってきた

こ、これは……
新井さんが
害虫調べるために
館内にたくさん
置いてるやつー!!
あと20カ所

ありがとうね~!!
新井さん
もう一回
頑張って
……!!
えへへー

くらげのひとこと

新井さんが館内に置いていたのは「バグトラップ」です。虫を引き寄せるにおいなどはついておらず、通りすがりの不運な虫を、ねちゃねちゃしたマットで捕獲します。文化財に害のある虫がいないか調べているのです。

温湿度計

博物館の片隅
なぁ
これ
なんだと
おもう？

なんか
はかってるな

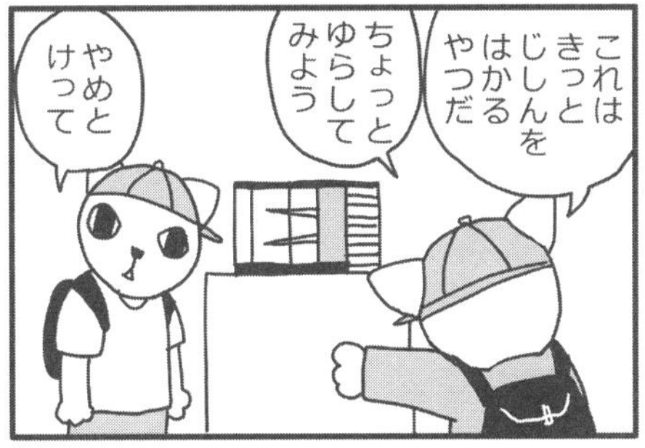
これは
きっと
じしんを
はかる
やつだ
ちょっと
ゆらして
みよう
やめと
けって

ふふふ
君たちそれは
温湿度計だから
揺れとは
関係ないのだよ
でも……
揺らさ
ないでねー

くらげのひとこと

温湿度が高いとカビの原因になり、低すぎると紙や木がひび割れる恐れがあります。温湿度計で環境をチェックします。紙に針で記録するタイプの温湿度計には、湿度を計るために、実は人間の髪の毛が使われています。

60日ルール

あれっ
よく見たら
この作品って
後期しか
出ないんですね
チラシに
載ってるから
ずっと出てる
のかと
後期展示

重文だし
目玉作品
なんだけど
60日ルールも
あるし……
巡回先と
半分ずつの
展示でね
60日ルール？
時期を
間違えて
来ちゃった人
のために
せめて後期に
してるの

国宝や重文は
基本的に
展示は年間60日まで
移動は2回まで
っていう
ルールがあるの
数年前の改定で
石とか土とか
金属とか
丈夫なものは
150日まで
伸びたけど
へー
ぽとっ
あっ

3秒ルール！
3秒ルール!!
いやプリンは
だめでしょー!!
ちゃんと
床掃除してね
あわわわ

くらげのひとこと

このルールは、文化庁が定める「国宝・重要文化財の公開に関する取扱要項」に記されています（文化庁のウェブサイトで見られます）。公開日数や移動回数の制限の他に、温湿度や照度などについても、定められています。

照度計

わ〜い
ふぁ〜い
おわった
おわった〜

すごい圧を感じる……
ねぇ
気になる？
気になるでしょ？
何だと思う？
このガジェット
聞きたい？
聞きたいでしょ
聞きたいよね？
……
ナンデスカソレ……

これは照度計って言ってね
計りたい場所にセンサーをおくと明るさの数値が分かるんだよ
国宝・重文の取り扱いルールでは古文書や書跡などは基本100ルクス以下
ものによっては50ルクス以下に定められているよ
指定品じゃなくてもそれに準じた扱いをしてるからね
センサー→

光が当たることでものは劣化するから気を付けないと
ほら教室の後ろに貼りっぱなしのプリントとかパリパリになってたでしょ
使いたい？
使ってみたいよね！
だと思った
柴田クンのデスクの照度とか測っていいよ？
展示終わってハイなの？
めんどくさい時につかまったなー

くらげのひとこと

屋外にあるポスターや看板の色が、薄くなっているのをよく見かけますよね。光も、ものを劣化させます。今の私たちだけでなく、ずっと未来の人も、よい状態で見られるよう、ものを守るために明るさをおさえています。

お土産

地元のお菓子メーカーさんのお土産だよー
じゃーん
もふもふクッキー
かわいい！

あとねー修理費用の寄付も
寄付の申し入れ
毛づくり人形の修理費用として○○○○○○○○○○○○○○○○○○○○
がさ
むしゃむしゃ
これはおいしい
わーい

ギュルン
そっちが先では⁉
ギュルン

だってほら「腹が減っては」って言うし……
いやいやいや‼

くらげのひとこと

作品の寄贈の他に、博物館の活動資金を寄付してくださる方もいらっしゃいます。収蔵品を守り伝えるためには修理も必要ですが、予算が確保できない現状があります。寄付は本当にありがたいのです。

ギャップ

一文字はこの裂で……
しーん
もくもく

表装もいい感じの取り合わせができたし
仕上がりが楽しみだな
わいわい

賑やかだな
あははは
でしょー
わっ

あ
先生お疲れさまです
さっきの工房の技術者さん⁉
普段とのギャップがすごくて気づかなかった……
お会計は

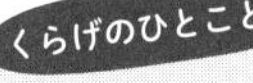
くらげのひとこと

学芸員が自分の手で修理をすることは、まずありません。外部の技術者さんに依頼をします。修理の基本は現状維持。これ以上損傷が進まないように手当をします。上から何かを描き加えたりするのは、ダメ、ぜったい。

安全第一

テルルルルル

テルルルルル
テルルルルル
テルルルルル
テルルルルル

ふー
テルルルルル

プッ……
あっ
せいいっぱい急いで来た

くらげのひとこと

学芸員が作品や資料を取り扱っている時は、ものの安全を最優先するので、他のことは後回しになります。収蔵庫の中では走ったりもできないので、重要な案件で電話を鳴らす時は、長めに鳴らしましょう。

ティッシュ

キャベツ

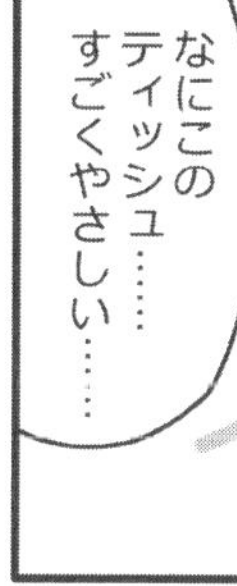

なにこのティッシュ……すごくやさしい……
ふわ〜
キャベ

いくらでも鼻がかめる
しあわせ〜
モグ
キャ
ふわ〜

それ刀のお手入れ用に買った
高級ティッシュ
一箱千円のティッシュ！
大事に使って〜
きゃっきゃっ
ふわ〜

くらげのひとこと

刀剣は、錆を防ぐために刀身の表面に油を薄く塗るのですが、定期的に古い油をふき取り、新しい油を塗る必要があります。お手入れの際、昔は揉んだ和紙を使いましたが、最近では高級な厚手のティッシュを使うことも。

怖い話②

博物館の怖い話ってないんですか？
夜中に声が聞こえてくるとか
僕が深夜まで残業してた時の話しようか

眠気覚ましに特別展の会場を見に行ったんだ

すると借用品で指定品の掛け軸の掛緒が目の前でプツリと切れて
ぎゃああああああああああ

……っていう夢を見たよ
机で寝てた
へぇー

くらげのひとこと

博物館に収蔵されているものは、失われたら取り戻すことのできない、かけがえのないものばかりです。破損しないよう細心の注意を払います。それでも万が一破損してしまった場合には、修理を行います。

物騒な話

実習中
鉛玉を使って……
鉛玉!?

実習中
弱いところは……
急所!?

そっ
なぜそんな物騒な話を……

これをね!
鉛玉を入れた袋を器の中に入れて重心を下げる
あ
細いところは弱いので持たない

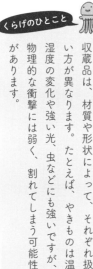

くらげのひとこと

収蔵品は、材質や形状によって、それぞれ扱い方が異なります。たとえば、やきものは温湿度の変化や強い光、虫などにも強いですが、物理的な衝撃には弱く、割れてしまう可能性があります。

タケノコ

実習中
あーまた
タケノコに
なっちゃった
私も
……

タケノコに
なる？
わー

そっ
いったい
何が
おきているの
……？

開いて
巻き直そう
タケノコ
巻子
あー

誤解⑤

文化財を触る時は白手袋をしないと!!
バーン！

そうでもないです
ドーン！
テレビでよくつけてるのは大事そうに見せるための演出？

「清潔で乾いた素手」で取り扱うのが主流です

薄いニトリルの手袋（粉なし）を使う人も

白手袋のデメリット
・手の感覚が鈍る
・つるつるしたものは滑るけば立ったものは手袋の繊維がひっかかる
・むしろ汚れや汗が手袋にたまるおそれ

ただ所蔵者から希望されることもあるので

明日の準備〜

借用の際一応白手袋を準備してはいます

くらげのひとこと

ニトリルゴムでできた手袋を、現場では「ニトリル」と略して呼んだりします。着脱しやすいように内側に粉（コーンスターチ）が塗ってあるものもありますが、文化財にはよくないので、必ず「粉なし」を使います。

二重シャッター

がらがら
がらがらがら
がらがらがら
がらがらがら
NYATTSU
エアコン・エアサス

がらがらがら
がらがらがら
がらがらがら
がらがら
NYATTSU
エアコン・エアサス

ブロロロ
NYATTS
エアコン・エアサス

がらがらがら
がらがらがら
がらがらがら
がらがら
シャッターが開いたり閉まったりするのを見守るのも
大切なお仕事です

くらげのひとこと

館内に、虫や車の排気ガスが入るのを防ぎ、急激な温度変化をさけるため、博物館の搬入口は二重シャッターになっています。必ずどちらかが閉まっている状態にします。両方開けっ放しにしてはいけません。

エレベーター

ペチ
手が足りなかったから助かるわ

わーひろーい

あっ閉めるボタンお願いします
えっ
事故防止のため作品運搬用のエレベーターは「閉」を押すまでずっと閉まりません

くらげのひとこと

収蔵品の移動に使うエレベーターは、少し特殊な作りになっています。自動で閉まらないほか、揺れを軽減するためにとてもゆっくり動きます。まだ親しくない作業員さんと一緒に乗った時などは、特に長く感じます。

保存のこと、新井さんに聞いてみよう

■博物館のお約束

博物館で、「不便だな」と感じたことのある人も多いと思います。どうしていろいろなお約束があるのか、新井さんに聞いてみましょう。

展示室が暗くて見にくい!

展示品を守るために、照明はできるだけ抑えています。みなさんの普段の生活のなかでも、貼りっぱなしのポスターの色があせたり、紙が黄ばんだり、カサカサになったりした経験がありませんか? 光も、ものを劣化させるのです。最近は、目に見えない紫外線や赤外線をカットした、ものに優しい照明も開発されています。

展示室が寒い! 暑い!

展示品に最適な温湿度に調整しているので、人間にとって快適でないことがあります。博物館では、だいたい温度22℃前後、湿度55%前後を目

COLUMN

指して調整しています。そのため、薄着している夏は寒く、厚着している冬は暑く感じます。博物館に行くときは、温度調整しやすい羽織ものを着ていくのがおススメ。

展示室で飲んだり食べたりできたらいいのに。

飲み物や食べ物がこぼれると、カビが生えたり、虫が食べに来たりします。カビや虫は、収蔵品を汚したり痛めたりする大敵です。そのため、博物館では飲食できる場所が限られているのです。

■「未来に伝える」ために

環境の整った場所で、誰にも見せずにしまっておくことが、「保存」という観点では一番いいのですが、誰もその存在を知らなかったら、守って残す意味がありません。また、今、物理的に守るだけでは、それらを未来に伝えることはできません。大切に思う人がいてくれるからこそ、次の世代にも引き継がれていきます。だから博物館では、常に保存と公開のバランスを考えながら活動をしています。

「未来に伝える」ためには、「今、たくさんの人に伝える」ことも必要です。次の章の「伝える、一緒に考える」は、そんなお話です。

5 伝える、一緒に考える

よくある質問①

何か聞きたいことはあるかな？

これ何円するの？

うーん……世界にひとつしかないから
値段をつけるのは難しいねぇ

まぁ実際には輸送で保険かける時とかに
評価額つけるんだけどね……

くらげのひとこと

収蔵品を他館に貸し出す時は、万が一のために保険をかけます。傷ついたり消失したりした時に、お金で補填(ほてん)する仕組みです。仮に市場に出たらどれくらいの価格がつくか、という基準で評価額を決めます。

よくある質問②

ねぇねぇ
こっちは
何円？

……

ポルシェ
一台分
くらいかな⁉

なにそれ
わかんなーい!!

よくある質問③

ねぇねぇ
あれは
何円？

君なら
いくらで
買うかな？

……

いら
ない!!
ガーン

よくある質問④

ねぇねぇ
あれは
何円？

作られた
当時は
1枚20文
今のお金で
400円
くらいで
買えたんだよ

よんひゃくえん⁉
やっす‼

これ
よんひゃく
えん
だって！
たいした
こと
ねーな
今
買おうと
思うと
すごく
高い
けどね
……

よくある質問⑤

作品の値段ってよく聞かれますよね
あるある

ほかにも「作るのに何日かかった？」とか
「重さは何キロ？」とか
「金箔何枚使ってるの？」とか
でも調べて伝えても「ふーん」っていう反応が多い……

分からないものに出会ったとき
まずは分かりやすいものさし(数字)で測りたくなるんじゃない？
なるほど

分かります僕も初めてのケーキ屋ではミルクレープの層の数数えますもん
それはちょっと分からないですね……
おいしけりゃいいじゃない

音声ガイド①

音声ガイドは業者さんに作ってもらいます
ほぞ
ほぞ
収録の前にはイントネーションの確認もします

猿蟹上人
えんかいしょうにん
ん？
えんかいしょうにん
あれ？

わたし東海地方出身なので
関東の人にも聞いてみますね
わからなくなってきた
新出の人だし

大阪
だれかだれかー
京都
鹿児島
福島

くらげのひとこと

音声ガイドは、多くの場合、専門業者に制作を依頼します。以前はプロのナレーターさんが担当することが多かったのですが、最近は、人気の俳優さんやアニメ声優さんも増えました。ファンが利用してくれますからね。

音声ガイド②

……

猫倉　あやね
主な出演作品
「新劇の巨人」(ラビ役)、
「だけど俺の青春ラブコメは
間違っていない」(二色ろは
す役)「私のヒロインアカデミ
フフフ

フフフ
うわああああああああくぁwせdrftgyふじこlp!!

熟読してるねー
音声ガイドの資料を見てただけですよっ
仕事ですよっ

音声ガイド③

音声ガイドのナレーターは猫倉あやねさん
人気の声優さんだそうです
ぎじー

へー
このアニメ知ってる
それ……

今回は「作品の中の人物が喋りだす」という設定ですので
監修のためリモートですがいちおう収録に立ち会います

楽しそー
演技指導ってやつかな？
ギギギ
ギリリ

くらげのひとこと

展覧会前は担当学芸員も忙しくしていますし、音声ガイドの進行もタイトなので、虎井さんはリモートでの参加になったようです。森本さんや柴田さんが関係者だったら、無理してでも現地に行ったかもしれませんね。

職人技

パカン
パカン
ぐり
ぐぐぐぐ

ほら
できた
さっ
おおーっ

重装備
ワークショップに向けて量産するぞー！！
おー

しばらくして
うっ
うっ
やればやるほど
あー
こなごな
破片になっていく

くらげのひとこと

「みんなで何かを作る」イベントを、ざっくりと「ワークショップ」と呼んでいます。その分野の学芸員が担当することもあれば、教育普及担当や、ボランティアが行うことも。体験したら、ずっと記憶に残りますよね。

コラボ

自然史系の博物館と
コラボイベントを
しました
虫×アート
はくぶつかんまつり
ニギ
ニギ

@打ち上げ
えー
みなさん
食事の前に
カタツムリ
出さないで
ください

それでは
チョウが
逃げたぞー!!

蜂の子
食べてみる？
カンパーイ
こちらの博物館の
業界も楽しそうです
この店
持ち込み
禁止ですよ

くらげのひとこと

異分野の館がコラボして、展覧会やイベントをすることもあります。例えば、美術館で「虫」が登場する作品を展示して、自然史系の館の学芸員に解説をしてもらったり。コラボがきっかけで新事実が見つかることも。

展示される

今作ってるワークシート
図があったほうが分かりやすいかと思って
描いてみたんですが

いいわねこれ！
展示室でも使っていい⁉

ミュージアムに

私の絵が展示される日が来るとは

じーん

※正しくは「図が掲示される」です

くらげのひとこと

書き込んだり、スタンプを捺したり、何かしら作業ができる印刷物を「ワークシート」と呼んでいます。展示室の解説を読むだけでなく、自分で考えたり、発見したりするきっかけになるよう、内容を作っています。

ワークシート

水鳥美術館のワークシートが面白かったから
犬伏さんの分ももらってきたよ

ありがとうございます
わぁ！これは楽しそ……

複雑な形状・折り
切り抜き加工
バリエーション展開
その2
特色インク

いったいいくら
かかってるんでしょうね…
そっちが先に気になってしまう

成長

あらー
こんな小さい
うちから
賢く
なるわよー

子連れで
博物館
案外いける
もんだな
五カ月
展示品じゃなくて
照明を見てる
みたいだけど

そして
月日は流れ
さあ行くよー
2歳半
くのみほとけ

くらいの
いやあぁぁ!!
ええ!?
今日が
最終日
なんです
ぎぇぇぇ
えええ!!

くらげのひとこと

授乳室やオムツ替え台などの基本的な設備のほかに、キッズルームや子ども向け体験コーナーがある博物館もあります。休館日などを利用して、子ども専用の日を設けている博物館もありますよ。

チラシ

それは犬伏さんがはじめてチラシを作った時のこと
わくわく探検
急遽内製したけどなかなかいい出来では？

休日＠他館

重ねてたくさん置くタイプのラック
リニューアル
ふるえる
HAKUSAI
犬
大まりも
若沖
伝統と革新と私

タイトルは上のほうにレイアウトしたほうがいい
ひとつ賢くなりました
見えないね

くらげのひとこと

チラシの制作は、専門の業者に依頼するのが理想ですが、お金や時間がない時、部数が少ない時など、館内でデザイン・印刷する場合もあります。学芸員の中には、デザインに使うソフトの扱いに慣れた人もいます。

昔の人

どーして
おかお
いっぱい
なの？
お顔が
いっぱい
あると
困っている
人をすぐに
見つけられる
からだよ
小さい……

これは
昔の人が
使っていた
もの
土の中から
見つかった
んだよ

ムカシノ
ヒトは
つちのなかに
すんでたんだ

そうきたか!!
いったい
どう説明したら
……もしかして
「昔」っていう
概念もまだない!?

COLUMN

すべての人のために

■バラバラな興味や関心に答える

博物館の「教育」と言うと、「子ども向け」と思われがちですが、実は、博物館の教育普及担当（エデュケーター）の活動は、子どもから大人まで、すべての人を対象にしています。例えば、みなさんがよく知っている「学校教育」は、決められた目標に向かってみんなが一緒に勉強する仕組みを備えていますが、「博物館教育」は、利用する人がそれぞれ持っているバラバラな興味や関心に、さまざまな方法で答える用意をしています。広い意味では、展示も含めて、博物館が誰かに向けて行う活動すべてを、教育活動と言うことができます。でも「教育」という言葉は、なんだか上から目線ですし、押しつけがましい感じがするので、「引き出すこと」を語源に持つ「エデュケーション」という言葉を好んで使う人もいます。また最近では、利用者を主語にした「ラーニング」や「学び」、時には「アンラーニング（学びほぐし）」などの言葉も使われるようになっています。

■教育普及のお仕事

教育普及担当のお仕事は、学校との連携だけではありません。例えば博物館を利用する人は、興味の度合いによって、おおまかに次のように分けられます。

・そんなに興味がない人（保護者に連れてこられた子ども、誰かの付き合いで来た大人、など）

・そこそこ興味がある人（調べ学習で来た小中学生、観光で来た人、など）

・ものすごく興味がある人（マニアックな常連さん、専門的に学ぶ大学生、など）

こうした人々に向けて、教育普及担当は、それぞれ適したアプローチをします。「そんなに興味がない人」に向けては、気軽に参加できるワークショップや、親しみやすいテーマの展示など。「そこそこ興味がある人」に向けては、読みやすい鑑賞ガイド（印刷物）など。「ものすごく興味がある人」に向けては、専門的な講座や、博物館の活動に参加してもらうボランティア制度などを用意します。

また、それ以外の未来の利用者（博物館に行こうと思っていない人／博物館の存在を知らない人）に向けても、教育普及担当はアプローチの方法を考えます。

教育普及のお仕事は、少し前までは、「絵画」や「工芸」など、収蔵品を扱う学芸員が兼ねたり、県立や市立の博物館の場合は、出向してきた学校教員が担当することが多くありました。でも最近では、教育普及専門の職員を置くところもだんだん増えています。

□□講演会

6　ウィズ・マスク

臨時休館

新型フレアウイルスで明日から休館らしいです！
えっ⁉

私のとこ今日展示替えしたばかりなのに！
うちもとっておきを久しぶりに出してたんだけど……

考古の部屋だけでも開館してやる‼
無茶言わないでください
だって正直ひと部屋に一人くらいしかお客さんいなかったじゃないかー‼
ジタバタ

草原美術館の牛山さんなんかもっと気の毒ですよ……
えっ、私の引退興行の特別展……あと2週間あったのに……おわり？
目玉作品も展示制限あるから会期末に取っておいたのに……？

くらげのひとこと

私たちの世界でも、新型コロナウイルスがはやりだした頃は、突然休館となる館が多くありました。何年もかけて準備したのにオープンできない展覧会も。その後、人数制限などの対策をして、開館するようになりました。

臨時休館延長中

この展示も
もっと
みんなに見て
もらい
たかったな
……

じわ……
……

水分
出さないで
くださいね
保存環境に
悪いので
出して
ない!!

ニヨニヨ美術館の動画再生数伸びてますよ

うう……

鼻から水分が!!

出てない!!

なにこの硬いティッシュ……

キムワイプです

ずびっ

くらげのひとこと

感染症の流行でオープンできなかった展覧会を、ウェブで中継したり、動画で紹介したりする館もありました。さまざまな理由で今まで博物館に行けなかった人が、展示を見られるようになる、という効果もありました。

ソーシャル・ディスタンス

ようやく再開できますね
ソーシャル・ディスタンスを保つために
入館者数の上限を設定しないとな
たくさんの人に見てもらいたいけど仕方ないですね……

いったい何人まで入れるのかな？
展示壁面の長さを足して2メートル間隔で並ぶと……
滞在時間を平均1時間として1日8時間開館だから……

1日最大で1600人!!
ドーン

普段の入館者数よりだんぜん多い!!
入館制限の心配は必要なさそうですね……

くらげのひとこと

人数を制限するために、事前予約制にする特別展も増えました。並ばずに見られるのはよい点ですが、「ウェブが使えず予約が難しい人がいる」「人数を限定するため一人あたりの観覧料が高くなる」などの影響も……。

マスク

カッコいいマスクですね！
強そうでしょ

マスクかわいい！
グッズの手ぬぐいで作ったんです

感染症対策のテレビ取材行ってきます

9/12～10/25
みほとけと
神さま展
山奥博
手書きで宣伝!?
気持ちは分かるけどちょっと待って

立候補

では次の議題を
夏の特別講座の講師を募集します
どなたか立候補があれば

ハイ!
ハイ!
ハイ!

今年はなんでみなさん
そんなに積極的なんですか……
こわい

フレアウイルスの影響で講演会が中止に!
われも
われも
配布資料もほぼ完成してたのに!!
リベンジさせて!
作ったパワポが成仏できない!!

ハカセ

子供向けイベントもなくなっちゃったので
動画作りましょう

よいしょっと
「教えてハカセ！」とかどうです？
ぐちゃあ

俺博士(ドクター)じゃなくて修士(マスター)だから
ハカセは名乗れないよ

?
そこはきっちりしてるんだ……
ぐちゃあ

くらげのひとこと

大学を卒業したら学士、大学院で「修士課程／博士前期課程」を修了したら修士、さらに「博士課程／博士後期課程」を修了したら博士の学位が得られます。学芸員の募集では、修士以上を求められることが増えています。

おうち時間

動画見てもらうだけじゃなくて
何かおうちで楽しく体験できるものはないかなぁ
うーん

昔の遊びをやるのはどう？
いいですね！

やってみよう！
首引き！（首に紐をかけて引っ張る）
耳引き！（耳に紐をかけて引っ張る）
印地打ち！（石の投げ合い）

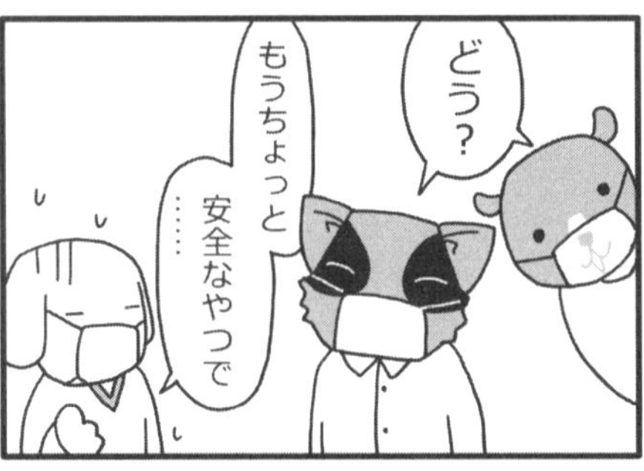
どう？
もうちょっと安全なやつで……

くらげのひとこと

感染症の流行を機に、各地の博物館のウェブ・コンテンツが一気に充実しました。ウェブ上で見たり読んだりしてもらうだけでなく、「リモートで一緒に何かを作る」「郵送でやり取りする」などの取り組みもありました。

COLUMN

博物館は何のためにある?

■感染症の流行、そのとき博物館は

感染症の流行は、博物館にも大きな影響を与えました。流行し始めてすぐのころは、多くの博物館が急な閉館対応を迫られました。何年もかけて準備した展覧会ができなかったり、わずか数日のオープンとなった展覧会もありました。それらは時期を遅らせて開催されることもありましたが、外から借用するものは、先方の都合もあるので調整も一苦労です。また、ふつうは数年後の展覧会まで計画しているので、他の展覧会との日程調整に四苦八苦した学芸員も多かったはずです。

感染症対策に関する、国や自治体からの要請は、主に飲食店や商業施設を前提としていて、そのまま博物館に当てはめるには難しかったため、多くの館は「日本博物館協会」が作ったガイドラインを参考にしました。流行の始まりから1年半ほどたつと、博物館での感染リスクの低さが広く認識され、対策を取った上での開館が一般的になりました。

それまで、都市部で開催される人気の特別展は、長時間並ぶのが当たり前のようになっていましたが、流行をきっかけに事前予約制が導入されて、並ぶ必要がなくなりました。とてもよいことのように思えますが、デメリットもありました。人数が制限されるので、予約枠に入れなかった人は見られません。また、人数を制限したぶん、一人あたりの観覧料は値上がりしました。肉体的な負担が減る一方で、金銭的に余裕がない人、予約のための情報機器が使えない人にとってのハードルは上がってしまったのです。

博物館が人間に与える影響

こんなふうに、メリット・デメリット含めてさまざまな影響がありましたが、感染症の流行は「利用者が多ければ多いほどよい」という評価の基準を、見直すきっかけになったことは確かです。

博物館の活動は、一時的な効率や、ましてや収益だけで判断されるものではないと、筆者は考えています。きっと、全国の学芸員たちも、同じように考えているのではないでしょうか。博物館で体験したことが、数年、数十年後に、その人の人生に影響を与えることがあります。心が震えるような体験をしたり、わくわくする大発見をしたり、自分の心を見つめなおすきっかけになったり……それらは、利用した人数を数えるだけでは決して知ることのできない「博物館が人間に与える影響」です。

博物館は、何のために存在しているのでしょう？　もし、世の中から博物館が一つ残らず消えてしまったら、いったい何が困るのでしょう？答えは一つではないかもしれません。一緒に考えてみませんか？

外伝

学芸員の就活日記

学芸員資格

それは主人公が大学に入った時のこと
勢い余って「美術史」を専攻してしまったけど
私将来何になるんだ…？

ふむ
うちの専攻は学芸員っていう資格が取れるのか

学芸員とは……

そんな仕事が……世の中に……あったのか!!
主人公は学芸員について何も知らなかった!!

くらげのひとこと

「美術史（美術史学）」は、「美術の歴史」を探求する学問です。絵や彫刻、工芸など、視覚に訴えるものが対象です。「いつ、どこで、誰が、何を、なぜ、どのように」作ったのか、受容されたのか、などを考えます。

専攻

高校までの授業では
体感図
その他
英語
社会
理科
算数／数学
国語
図工・美術
図工や美術はものすごく端に追いやられてる感じだった
しかもほぼ「作る」しかしたことがなかった

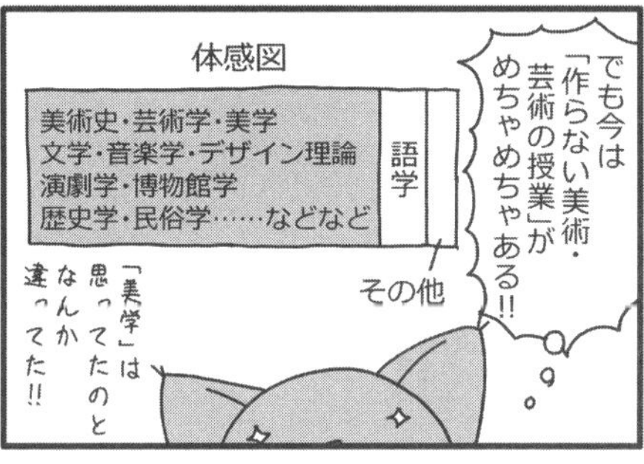
でも今は「作らない美術・芸術の授業」がめちゃめちゃある!!
体感図
美術史・芸術学・美学
文学・音楽学・デザイン理論
演劇学・博物館学
歴史学・民俗学……などなど
語学
その他
「美学」は思ってたのとなんか違ってた!!

おおおお!!
なんだここは!!

うおおおお!!
うわー!!
それが大学です

くらげのひとこと

学芸員の資格は、美術史だけでなく、文系・理系のさまざまな専攻で取得できます。ただし必要な科目が定められているので、その大学のその専攻で、資格取得に必要な科目が履修できるか、事前に確認が必要です。

博物館実習

学芸員資格を取得するには講義科目の他に博物館実習が必須だった！
えー
これから作品の取り扱いについて説明します

はじめにみなさんに伝えておくことがあります

学芸員の替わりはいるけど
作品の替わりはないからね
心して取り扱うべし

ザワ
ザワ
誰からいく？
フフフフ……

くらげのひとこと

学芸員の資格を得るためには、講義科目の他に「博物館実習」が必要です。大学付属の博物館や、受け入れている各地の博物館で行います。数日間で一人前になるのは到底無理ですが、現場を体験できる貴重な機会です。

就活情報サイト

就活そろそろだよねー
私もうすでに隠居したい
猫宮くんが結婚してからずっとそれ言ってるよね

とりあえず就活情報サイトに登録して……

……
学芸員の募集どこにもなくない……？

ないの……？

くらげのひとこと

学芸員の募集は、博物館の中で、誰かが退職したり、ごくまれにポストが増設される際に、時々あるだけなので、毎年募集をかける企業が登録するような就活情報サイトには、まず掲載されません。

求職活動

就活情報サイトに学芸員の募集が載っていないことは分かった
「学芸員募集の掲示板」と大学のキャリアセンターに来てる情報を小まめにチェックするぞ

学部卒の募集が……ほとんどない
修士以上……？大学院に行かないといけない？
学費ぃ⁉

ここで働かせてください‼
ここで働きたいんです‼

受付
だめか……
「募集がある時にはホームページに載せます」とのことでして……
思いつめた主人公は私立の美術館に突撃した！

くらげのひとこと

学芸員を目指す人に愛用されるウェブ掲示板が「学芸員募集の掲示板」（管理人：yondaro氏）です。有志が見つけた募集情報が書き込まれます。企業が運営する同名の掲示板もあり、そちらは募集元が掲載依頼する仕組みです。

大学院

主人公は結局大学院に進学した！
なんとか奨学金を取れたけどバイトもせねば……
ボー
今日はお休みなんですかー？

へっ⁉えへへうふふ……
ごめんなさい社会人じゃないです……

モラトリアム……
友達はもうバリバリ仕事してるのに……

いけるいける！
チョキチョキ
チョキチョキ
チョキチョキ
主人公は自分で髪の毛を切るスキルがアップした!!

チリン

院生研究室の大掃除をしているようです
ガサゴソ

おっと
チリーン
ひっ!!

あ
これが鳴ってたのか
学会発表で終了時刻を告げるベル

壊れてないからまだ使えるな

チンチン
チンチン

チンチン
チンチン

やめてやめてー!!

ひぃっ
ひぃっ!!

大学院生はベルの音を怖れる生き物なのだ!

くらげのひとこと

大学院生は「研究」をします。詳しい人から教えてもらうのが「勉強」だとすれば、まだ誰も知らないことを自分で明らかにするのが「研究」です。その成果を学会で発表したり、論文にして学会誌に投稿したりします。

発表準備

全国学会で初めて発表することに……
案内

準備中なのにもう緊張する……
ゼミで指摘された部分が未解決
準備間に合うかな
発表時間内に終わらなかったらどうしよう
怖い質問が来たら
質問なしでも静寂が怖い
案内

落ち着いて発表者用の案内を読もう
「配布資料は400部を印刷して当日持参するか事前に郵送してください」
案内

400部？……ってどれくらい？
持参できる量なのかどうかも分からない
ぷしゅ〜
発表内容以外にも考えることがいろいろあった！
どこで印刷するの？
案内

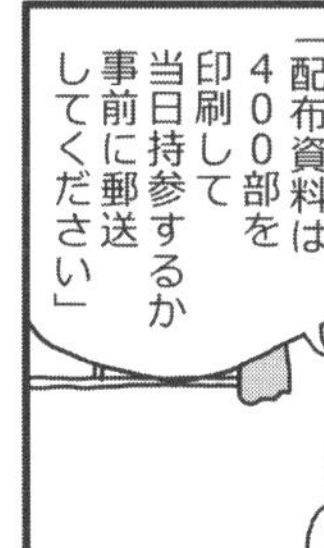
くらげのひとこと

その分野の専門家が集まり、研究成果を発表し、互いに検証しあう場所が学会です。自分の研究内容を学会で発表する前には、指導教官や先輩、仲間たちのアドバイスを受けながら何度も改定します。

学会発表

発表者への質問タイム
この分野は詳しくないのですが……

でたー!!
学会名物「素人を装った大御所からの核心を突く一撃」!!

クルッ
余裕だねー
準備はもうばっちり?

へへへ
緊張しすぎて正直もうなにをして過ごしたらいいのか分からないです
よりによって順番が最後のほう……

論文投稿

査読付きの
学会誌に
論文が掲載
されれば
就職活動の際に
実績として
評価されます
美術史

「査読」とは
掲載するに
値するか
どうか
その分野の
専門家が
判断すること
アクセプト
（受理）
リジェクト
（却下）
※イメージです
フハハハハ
ハハハハ

査読者が誰かは
基本的に非公開ですが
専門の人は
限られるので
だいたい予想が
つきます
グッジョブ
…………
どんまい
察し……

掲載には
大幅な
改定が必要
戻ってきた
何がどうダメか
書いてあるけど
何をどうしたら
良くなるのか
分からない……

就職試験

県や市など地方自治体の正職の学芸員の採用試験は
専門の試験とは別に一般教養の試験もあります
うう－何が出るんだろ

受験番号の席に座ってくださいね
はい
ありがとうございます

…………

いつもだいたい顔見知りがいるよねー!!

くらげのひとこと

大学院のゼミ仲間や、研究会で顔を合わせる仲間は、互いに近い分野を研究しています。学芸員の募集は、専門の分野や時代を示して募集されることがほとんどなので、試験の時は近い分野の人が集まることになります。

におい

バイト中
酢飯が終わったらキュウリもお願い
はい
もわ
もわ

シャワー浴びるタイミングを逃したまま
美術館バイトに来てしまった
におうかな……？
今日はデータ入力作業

なんか……悪くなったフィルムのにおいがする
えっどこかにあるの!?
それってどんなにおい？

お酢みたいな酸っぱいにおいですよ
私だー!!

くらげのひとこと

現在、博物館で扱う写真はデジタルに置き換わりつつありますが、ひと昔前まではフィルムで撮影・保管・複製していました。フィルムは、適切な環境で保管しないと劣化して、酢酸臭（酸っぱいにおい）がします。

質問

こないだの募集
高原大学の
伊野さんが
通ったらしいね
あー
専門ドンピシャ
でしたしね……

面接の質問
答えに困ったわー
「作品の値段は
なにで決まると
思いますか？」って
「欲しいと思う人が
どれだけいるかです」
って答えたら
「それだけ？」って

私は
「うちの学芸員は
くせ者が多いけど
大丈夫ですか？」
って聞かれました
無理です
とは言えない
やつ……

そういや井森先輩は
海原美術館の面接で
「一番好きな博物館」
聞かれて
「山岡美術館です！」
って答えたけど
ちゃんと採用
されたらしいぞ
えっ
度胸……

なんでもや①

なんだかんだあって主人公は非常勤の職をゲットした!
美術館の学芸員は私含めて2人どっちも非常勤なんです
埋文には正職員さんいるみたい
正職いないんだー
でどんな感じなの?

土日はまず美術館のシャッターを開けて照明をつけて
「受付兼ショップ兼看視さん」が来たら挨拶して
その後は次の企画の準備とかグッズの在庫管理とか
うん? それ一人でしてるの?

受付さんがお昼食べてる間は私が受付とレジ打ちと看視して
午後からはまた学芸の仕事して
終わったら照明消してシャッター閉めて……
なんというかものすごく少数精鋭?な感じだね
平日は文化課で川柳のコンテストとか演歌歌手のコンサートとか菊花展の準備とかしてます
んんー?

くらげのひとこと

正職員ではなく、非常勤や有期、会計年度などの雇用形態で働く学芸員も多くいます。大学院に所属しながら働く人も。展覧会など専門的な仕事を任せられながらも、不安定な身分で働く実態が問題になっています。

なんでもや②

先輩は
どんな感じ
ですか？
同じく非常勤

展示作業の時は
基本的に
学芸の職員
みんなで
作業するんだけど

普段の仕事は
ウェブサイト
更新したり
図書資料の
整理したり
教育普及の
イベント
したりだね

あ
「ぐるとぐれ」
の仮装して
展覧会担当と
記者発表
したことも
あったかな……
広報担当
に言い
くるめ
られて
……
そちらも
大変そう
ですね……

オオサンショウウオ①

バーン!!
オオサンショウウオが用水路に詰まったらしい！
助けに行くぞ！

えっ!? うち文化課ですけど？ えっ？
天然記念物は「文化財」だからうちの管轄なんだよ
うちの市自然史系の博物館ないしな

結局見てるだけだった
くさい!!
おもい！
オオサンショウウオって山椒みたいないい匂いじゃないんですか…？
生臭い……
うぇー
身は知らないけどこのネバネバはくさいだけだぞ
川辺市教育委員会

くらげのひとこと

主人公は、とある地方自治体の「文化課」に所属しているようです。文化財保護法が定める「文化財」には、「天然記念物」も含まれます。この文化課では文化財全般を担当しているので、こんなことも起こるのですね。

オオサンショウウオ②

死ぬなよー!!
頑張れよー!!

2人とも
命を守るために
一生懸命なんだ……
じーん
ちゃぷ
ちゃぷ

天然記念物に
死なれると
事務手続きが
面倒だからな…!!
えっ

もう用水路に
つまるんじゃ
ないぞー
ス～
元気でなー
なにはともあれ
元気そうで
よかった

くらげのひとこと

天然記念物が死亡したら「滅失届」という書類を文化庁宛に作成します。オオサンショウウオは、天然記念物の中でも特に保護が必要な「特別天然記念物」に指定されています。自然物の「国宝」みたいなものでしょうか。

辞令交付

なんだかんだあって主人公は修士の学位を取得し……その後正職員の職を得た！
今日が非常勤最後の日かー

でっかいが
最後の最後にこんなイベントいれちゃっててごめんねー
いえワークショップ好きですしいい記念です！

そういえばこのあと本庁で退職者の辞令交付式ってのがあるんでした
遅刻しないようにね！

しまった……ものすごく浮いている!!
美術館の人も埋文の人もいつもスーツなんて着てないから
主人公はスーツを着る文化を忘れていた！

就職

虎井さんの後任で入りました
よ
よろしくお願いします

まぁ絵画は大神さんもいるし安心だね
私も近所にいるしなんでも聞いてね
はいっ!
後輩ができた……!
引継ぎで来ている

でも事務の宇佐見さんがいなくなっちゃうのは痛手だよねー
?
えっ!?
僕が集荷でいない間にそんな話が!?

実は6月から海辺資料館の学芸員になります
仕事と並行して論文執筆も頑張ってたもんね
おめでとう!
わぁ!
やっぱり学芸の仕事を諦められなくて

就活日記エピローグ

これは
本編より
少し未来のお話
それぞれの
お仕事が
これから始まります

学芸員になりたい

■運とタイミング

外伝は、筆者の個人的な体験がもとになっています。筆者が就職活動をしていた頃から年月がたっているので、今の状況と違うところもあるかもしれません。また、分野によっても違いがあるはずです。

お仕事やインターネット上で交流のある若い方から、時々「どうしたら学芸員になれるのか」「なるのが難しそうで不安」と相談されることがあります。筆者は、それに対して今もはっきりとした答えを持てずにいます。「これをすれば確実に学芸員になれる」という正解はないからです。ただ言えるのは、学芸員として働くには何かしらの専門性が必要で、募集が少ないので長期戦になることも覚悟する必要がある、ということです。

学芸員の就職活動は、運とタイミングに大きく左右されます。自分の専門分野や経験と、募集の内容が重なっていて、なおかつ、年齢層や人物像などが先方の求めるものと合わなければなりません（経験豊富な人が必ず有利だとは限らず、これから育ってくれそうな若い人、地元に根付いてくれそうな人が優先されることもあるでしょう）。

運とタイミングは、自分ではどうしようもないことです。ただ「挑戦できるチャンスの数」を増やすことは自分でできます。筆者が修士に進学したのも、修士以上の募集に応募する資格を得て、チャンスを増やすためでした。

筆者が就職できたのも、たまたま運がよかったからだと思っています。だから、学芸員を目指す人に偉そうにアドバイスしたり、「努力は必ず報われる」なんてキラキラした言葉を使ったりはできません、でも、この仕事はとても楽しいですし、面白い世界です。人に勧めたいけれど、安易に勧められない……そんな矛盾を抱えながら、この仕事についての情報を発信しています。

■学芸員の雇われかた

学芸員の雇用形態はさまざまです。公立の館もあれば、私立の館もあります。公立館の中には、「指定管理者制度」を導入して、業務を外部の企業などにまかせているところもあります。それぞれの運営形態によって、仕事の内容やお給料は違います。

学芸員は正職員だと思われがちですが、実は、不安定な立場の人もたくさんいます。非常勤や会計年度、有期雇用など――これらは一年ごとの契約だったり、雇用の年数が決まっていたりして、お給料も多くありません。博物館の中には非常勤の学芸員しかいないところもあります。つまり、来年度、自分が雇われているかどうか分からないのに、来年度の展覧会の準備をしていたりするのです。

博物館の活動は、短い期間でどうにかなるものではありません。地域に根差して信頼関係を作り、調べ、集め、守り、伝え、地道な活動を積み重ねることで、できあがっています。そうした活動に不安定な雇用形態は適していませんが、財政難などから正職員でない学芸員を雇う博物館が、残念ながらたくさんあります。

この問題は学芸員に限ったことではなく、小中高の先生や、大学教員、図書館の司書、保育士、介護福祉士などなど、専門的なスキルが必要とされるさまざまな職種で、いま起こっていることです。だから学芸員だけを問題にしても、すぐに解決することではない気もします。でもせめて、自分の関わる仕事について発信することで、「学芸員になりたい」と思う人たちの未来が少しでも明るくなってほしい――そう思って四コマ漫画を描いています。

〜エピローグ〜

毎日観察しても飽きない、
私たちのお世話をしてくれる人たち。
何十年、何百年……時にはもっと長い間、
こうして大切にしてくれる人がいたから、
私たちは今、ここにある。
これからもよろしくね。

あとがき

この本を手に取ってくださって、ありがとうございます。
博物館の仕事を、学芸員の視点から楽しく紹介したいと思って四コマを描き始めました。制作にあたっては、看視員の視点から美術館の裏側を描いた、宇佐江みつこさんの『ミュージアムの女』に大きな影響を受けています。
趣味で始めた四コマが、初めての単著になるとは思いませんでした。ウェブ上でさまざまなコメントをくださったみなさん、アカウントをフォローしてくださったみなさんのおかげで、制作を続けることができました。本当にありがとうございます。また、書籍化のお声がけをくださり、かたちにしてくださった編集の西内友美さんに、あらためてお礼申し上げます。
四コマに登場するキャラクターは、それぞれ特定の誰かをモデルにしているわけではありません。筆者が体験したことや、出会った人々が混ざり合って生まれたものです。時には「こんな人がいたらいいのに」という願望も入っています。架空の存在ではありますが、彼らを通して、「博物館の裏側には人がいる」——そんな当たり前のことを、あらためて感じていただけたら、と願っています。

楽しい調べ学習シリーズ
博物館のひみつ

斎藤靖二監修

博物館のひみつ
保管・展示方法から学芸員の仕事まで

資料収集から保管、研究、展示まで、自然史系博物館のお仕事を、豊富な写真とイラストで紹介しています。小学生向けの本ですが、大人にとっても分かりやすい！（PHP研究所、2016年）

楽しい調べ学習シリーズ
美術館のひみつ
展覧会の準備・開催から
学芸員の仕事まで
草薙奈津子

草薙奈津子監修

美術館のひみつ
展覧会の準備・開催から学芸員の仕事まで

『博物館のひみつ』の美術館バージョン。こちらも写真・イラストが豊富！　美術館のお仕事の全体像がこれ1冊で分かる、非常にすぐれた構成です。（PHP研究所、2017年）

博物館のお仕事に興味がある人にむけて、筆者がおすすめする本をご紹介します。
実際に博物館の仕事に携わった人が執筆・監修していて、気軽に読めるものを集めました。

鷹取ゆう
ただいま
収蔵品整理中!
学芸員さんの細かすぎる日常

鷹取ゆう著

ただいま収蔵品整理中！
学芸員さんの細かすぎる日常

郷土資料館で資料整理を行った作者の経験をもとに描かれた、ストーリー4コマ。収蔵品や道具の描き込みが細かい！　巻末には資料整理で使う道具の紹介も。怪談もあり。（河出書房新社、2021年）

マンガでわかる
考古遺跡発掘
ワーク・マニュアル
Work Manual
今井しょうこ
地面の下に眠る遺跡が見せる新世界

今井しょうこ著・植田 真監修

マンガでわかる
考古遺跡発掘ワーク・マニュアル

遺跡の発掘作業員として働く作者が描いたマンガ。フェンスの向こう側で繰り広げられる「現場」の日常が、ワクワクする視点で描かれています。（創元社、2021年）

たくさんのふしぎ傑作集
美術館に
もぐりこめ！

さがらあつこ文・さげさかのりこ絵

美術館にもぐりこめ！
（たくさんのふしぎ傑作集）

「ふしぎ美術館」に忍び込んだ泥棒の視点から美術館を紹介する絵本。制作には平塚市美術館などが協力。「忍び込めちゃっていいの？」と心配になりますが、ちゃんとオチが！（福音館書店、2013年／『月刊たくさんのふしぎ』1996年11月号を単行本化）

美術館で働く
ということ
東京都現代美術館
学芸員ひみつ日記
オノユウリ

オノユウリ著

美術館で働くということ
～東京都現代美術館学芸員ひみつ日記～

東京都現代美術館を舞台に、新人学芸員の奮闘を描くマンガ。学芸員だけじゃない、博物館のいろいろなお仕事を紹介するページも！　制作には東京都現代美術館が協力。（KADOKAWA、2015年）

おすすめの本 ～博物館のお仕事いろいろ～

へんなものみっけ！
1
早良 朋

早良 朋著

へんなものみっけ！
1～7巻（刊行中）

自然史系博物館の学芸員に振り回される、事務職員が主人公のマンガ。作者は国立科学博物館で標本作成をされていたとか。科博では本作とのコラボイベントも開催されました。（小学館、2017年～）

宇佐江みつこ
ミュージアムの女
MUSÉE

宇佐江みつこ著

ミュージアムの女

登場人物は全員ネコ！　岐阜県美術館で監視係（看視員）として働く作者の日常をもとに描いたほのぼの4コママンガ。最新話は県美術館の公式ツイッターで発信されています。（KADOKAWA、2017年）

著者

滝登くらげ（たきのぼり・くらげ）

いろいろな規模の、いろいろな種類の博物館を渡り歩いて、今はとある博物館に落ち着いています。ペンネームは、山口県の秋芳洞にある鍾乳石の名所「くらげの滝のぼり」から。鯉が滝を登ると龍になるそうですが、くらげが滝を登ったら何になるのでしょう。

Twitter: taki_kurage pixiv: 29314544

［初出］1〜6：2018年1月2日〜2022年9月18日　pixiv、Twitter連載
外伝・くらげのひとこと・コラム・山奥博物館のご案内・おすすめの本：書き下ろし

学芸員の観察日記

ミュージアムのうらがわ

2023（令和5）年2月20日　第1版第1刷発行
2023（令和5）年6月15日　第1版第2刷発行

ISBN978-4-909658-93-7　C0070　Ⓒ 2023 Takinobori Kurage

発行所　株式会社 **文学通信**

〒114-0001　東京都北区東十条1-18-1 東十条ビル1-101
電話 03-5939-9027　Fax 03-5939-9094
メール info@bungaku-report.com　ウェブ https://bungaku-report.com

発行人　岡田圭介

印刷・製本　モリモト印刷

ご意見・ご感想はこちらからも送れます。上記のQRコードを読み取ってください。

※乱丁・落丁本はお取り替えいたしますので、ご一報ください。書影は自由にお使いください。